화폐 대전환기가 온다

화폐 대전환기가 온다

초판 1쇄 발행 2016년 1월 20일
초판 3쇄 발행 2017년 7월 14일

지 은 이   윤석천
펴 낸 이   변선욱
펴 낸 곳   왕의서재
마 케 팅   변창욱
디 자 인   책은우주다

출판등록   2008년 7월 25일 제313-2008-120호
주   소   서울특별시 양천구 목동서로 186 성우네트빌 1411호
전   화   02-3142-8004
팩   스   02-3142-8011
이 메 일   latentman75@gmail.com
블 로 그   blog.naver.com/kinglib

ISBN   979-11-86615-10-2 03320

책값은 표지 뒤쪽에 있습니다.
파본은 구입하신 서점에서 교환해드립니다.

「이 도서의 국립중앙도서관 출판시도서목록(CIP)은 서지정보유통지원시스템 홈페이지(http://seoji.nl.go.kr)와
국가자료공동목록시스템(http://www.nl.go.kr/kolisnet)에서 이용하실 수 있습니다.(CIP제어번호: CIP 2016000269)」

앞으로 5년 세계 경제를 주도할 유동성 덫·강달러·현금 몰락

Great Change of Currency

| 윤석천 지음 |

화폐발 경제지각 변동은
진보다

 이 글을 쓰고 있는 순간에도 세계는 어디론가 분주히 움직이고 있다. 흐르고 멈추지 않는 게 우리 세계다. 진리다. 이런 세계에서 우린 미래를 알고자 한다. 물론 추측할 뿐이다. 사실 무언가를 판단한다는 건 미래가 어떻게 펼쳐질지 관심이 있기 때문이다. 수천 년, 수백 년 전 역사적 사건을 판단하는 일도 결국은 미래를 알고자 하는 행위다. 하물며, 오늘을 보고 미래를 추론하는 행위는 말할 것도 없겠다.

 인간 숙명과도 같은 미래 예측 행위는 생존과 직결된다는 데 의미가 있다. 다만, 미래 예측 행위는 합리적 추론과정으로 이뤄져야 할 것이다. 근거 없는 추측은 미신과 다르지 않다.

 결과보다 과정이 중요하단 말은 결과를 중시하는 사람들에겐 우스운 얘기일 테지만, 과학 하는 사람들에겐 금과옥조다. 앞으로 벌어질 경제를 추론하는 과정 역시 마찬가지다. 이 책은 내 상상력과 합리적 추론으로 귀납 된 결과물이다. 이 때문에 설사 실제 결과가 추론에 따른 전망과 다르다 해도 그 과정은 충분한 의미가 있다고 믿는다. 적어도 경제의 앞날을 판단하는 데 참고자료로서 충분히 기능할 것이기 때문이다.

내가 이 책을 쓴 이유는 모두가 합리적으로 경제 현상을 추론해나가기를 바라는 데 있다. 누구든 스스로 미래를 그려볼 힘을 기르게 하고 싶은 것이다. 이 책이 그 기초가 되었으면 그보다 더 기쁜 일은 없을 것이다.

경제는 결국 '돈 흐름'을 다루는 학문이다. 그렇다면, 과연 돈은 앞으로 어떤 형태를 띠게 될까, 또 현금은 어떻게 될까, 하는 궁금증이 드는 건 무척 자연스럽다. 이는 우리네 삶과 깊숙이 연결되어 있다.

화폐로 비롯될 경제 축의 전환은 크게 두 가지로 구분할 수 있다. 하나는 반 발짝 나아간 내일이고, 또 하나는 한 발짝 나아간 미래다.

코앞에 닥친 변화는 역사적 경험치로 봤을 때 적어도 2020년까지 지속할 것으로 추정된다. 열쇳말들은 이렇다. 화폐 정책, 풍부한 유동성, 부채, 자산가격 급등, 거품, 거품 붕괴, 디플레이션, 경기 후퇴, 화폐 정책. 이 열쇳말들은 앞쪽부터 잇따라 원인과 결과로 읽을 수 있을 뿐만 아니라 다시 처음으로 연결되는 이른바 악순환을 의미하기도 한다. 한국을 비롯한 전 세계가 이 악순환의 덫에 걸렸다.

앞으로 5년 정도는 지속할 악순환은 미국 달러를 중심으로 읽을 때 비로소 독해가 된다. 특정한 나랏돈이자 기축 통화라는 특징이 있는 달러는 20세기 중후반부터 마치 몸 곳곳을 돌며 영양을 전달하는 혈액처럼 세계 곳곳으로 퍼져 나가 전 세계 경제를 주도했다. 오늘날 세계 경제는 달러 시스템의 다른 말이라고 할 수 있다. 달러는 21세기 초까지 몇 차례를 빼고는 줄곧 약했다. 한데 세계 경제와 이를 떠받친 달러 시스템이 명백하고도 급박한 변화를 목전에 두고 있다. '약한 달러에서 강한 달러'로 전환되는 것이다. 달러 강세 시대가 오면 여태 구축된 세계 경제 시스템에 일대 혼란을 피할 수 없게 된다. 폭풍 급이다. 반 발짝 나아간 미래상은 이렇다.

오늘날 경제 위기는 화폐 즉, 종이 화폐로부터 비롯됐다는 사실을 알게 된다. 화폐 시스템이 심판을 받게 되리라는 추측은 어쩌면 당연하다. 한 발짝 더 나아간 미래는 바로 이 화폐 시스템의 대전환이다. 내가 관심을 두고 더 심혈을 기울인 곳도 이 지점이다. 현금(또는 종이돈) 없는 세상! 이 미래상을 어떤 방식으로 추론해 갔는지 독자들은 그 과정을 유심히 살펴보기 바란다. 이 과정을 따라가다 보면 미래가 자연스레 그려질 것이다.

그들이 노리는 현금 전쟁

물리적 돈, 즉 현금이 없는 세상을 상상해 본 적 있는가? 아마 대부분은 없을 것이다. 길바닥에 떨어져 있지만, 누구도 줍지 않는 동전도 여전히 생산해내고 있으니 말이다. 대부분은 지폐와 동전이 없는 세상은 불가능하다고 믿는다. 정말 그럴까?

답은 정반대다. 우리는 또 세계는 아니 기득권은 현금을 없애려 하고 있다. 보통 사람들 쪽은 편리성 덕에 현금을 멀리하고 국가를 포함한 기득권 쪽은 정치 또는 정책 목표를 위해 현금에 전쟁을 선포한 상황이다.

커피 한 잔에 2,000원. 싸다. 카드 쓰는 게 쑥스러워 현금으로 낸다. 한데, 나만 그런다. 열이면 열 카드로 결제한다. 편리함이 현금 사용을 밀어낸다. 지난해 말 기준으로 5만 원권 지폐 회수율이 25%에 불과하단다. 2013년에 비해 반 토막 수준이다. 현금을 향한 애정이 과도하다.

한편 현금을 두고 대중이 취하는 태도는 이중적이다. 사용하는 데 편리하다는 이유로 현금을 멀리하지만, 그 익명성은 사랑해 뒤를 졸졸 쫓는다. 한쪽에서는 현금이 천덕꾸러기가 되어 가고, 다른 쪽에서는 여전히 금고에 고이 보관해야 할 귀중품이다. 그럼 대세는 어떨까?

현금은 이미 시대의 뒤안길로 사라지고 있다. 일부는 여전히 현금을 사랑하지만, 이는 소수에 불과하다. 대부분은 현금을 배척하는 대열에 서 있다. 물론 의식적인 것은 아니다. 자신도 모르는 새 현금을 멀리한다. 사실, 국가는 그리고 오늘의 세계는 현금을 미워한다. 더 나아가 현금과 전쟁을 선포한 상태다. 현금 즉, 물리적 동전이나 지폐를 없애려는 시도가 전 세계적으로 진행되고 있다.

물리적 화폐에 가장 심하게 공격을 해대는 곳은 스칸디나비아다. 개중 스웨덴이 선두주자다. 크레딧스위스 보고서를 보면, 스웨덴 어디를 가든 무엇을 사든 어느 상점에서나 다음과 같은 문구를 보게 된다고 한다. "우리는 현금을 받지 않습니다." 커피를 한 잔 사든, 바에서 맥주를 마시든 결제는 이미 디지털로 처리되고 있다. 거리 신문팔이조차 모바일 카드리더기를 갖고 있다.

비슷한 상황이 덴마크에서도 벌어지고 있다. 결제 중 40%가 단스케Danske 은행의 앱인 모바일페이MobilePay로 이뤄진다. 점점 더 많은 상점이 물리적 화폐를 받지 않고 있다. 덴마크 은행가들은 현금 없는 사회가 더는 환상이 아니라 가까운 시일 내에 실현될 비전이라 주장한다.

의외지만 가장 광범위하게 '무현금 사회'를 실험하는 곳은 아프리카 지역이다. 이유가 있다. 이 지역에서 은행계좌가 없는 사람 비율은 30%가 채 안 된다. 신용카드 보유율은 더 낮다. 반면에 휴대폰은 대부분 갖고 있다. 디지털 결제를 실험하는 최적지라 할 만하다. 바로 현금 없는 삶에 대한 실험이다.

케냐에서는 국내총생산GDP의 25% 이상 되는 돈이 엠페사m-pesa를 통해 움직인다. 이 회사는 모바일 결제 시스템의 대명사다. 공상과학영화에서나 볼 수 있던 일들이 속속 현실화하고 있다. 아프리카에서 가장 인구가 많은 국가인 나이지리아에서는 생체인식 ID 카드를 선보였다. 마스터카드사 작품이다. 물론 이 카드는 결제카드로도 사용할 수 있다.

인도는 한발 더 나갔다. 인도에서는 국가기관인 UIDAIthe Unique Identification Authority of India가 중앙집중화한 투표자등록시스템을 만들고 있다. 야심 찬 프로젝트다. 13억 명에 육박하는 인구 전체에 신원 식별과 생체 인식 데이터베이스를 구축한다는 계획이다. 동시에 전자결제 시스템을 이 데이터베이스에 결합하려 하고 있다.

인도는 중국과 더불어 현금과 금을 유독 좋아하는 나라다. 인도에서는 모든 결제액 중 5% 정도만 전자적으로 이뤄지고 있다. 가장 선진화한 도시인 델리에서조차도 사람들은 구매 전 과정에서 70% 이상을 현금으로 내는 것으로 조사됐다. 정부 처지에서 이런 상황이 유쾌할 수는 없다. 지하경제가 만연해지며 세수 확보는 물론 정책 효율성까지 위협받기 때문이다. 결국, 선택은 '무현금 사회'가 된다. '현금'은 물리쳐야 할 악이다.

세계는 그것이 어떤 이유에서든 현금 없는 사회 즉 '무현금 사회'로 할 걸음씩 나아가고 있다. 한국도 예외는 아니다. 기존 신용카드에 이어 ○○페이 같은 각종 모바일 결제 시스템이 현금을 몰아내고 있다.

'무현금 사회'가 진짜 의미하는 것

그렇다면 현금 없는 세상은 정확히 무엇을 의미할까? 또, 기득권은 왜 이런 세상을 만들려 하는 걸까. 그 해답에 접근하려면 은행에 주목해야 한다.

오늘날 경제는 은행에 예속돼 있다고 해도 과언이 아니다. 은행이 활동을 멈추면 경제시스템은 일시에 붕괴할 것이다. 2008년 금융위기가 어떻게 실물경제를 파괴했는지 기억을 더듬어가 보면 한층 이해가 쉬울 것이다. 실물경제가 금융을 좌지우지하는 게 아니라 금융이 실물

경제를 쥐락펴락하는 시대가 됐다. 은행은 점점 더 강력해지고 있다.

한데, 은행은 한 발짝 더 나가려 하고 있다. 모든 공식 거래를 전자화하려 한다. 그러면 은행은 그 힘이 극적으로 증가할 수밖에 없게 된다. 모든 거래는 민간이 운영하는 상업은행에 낱낱이 기록된다. 지금까진 현금 거래로 어느 정도 회피할 수 있었다. 하지만 현금이 없어지는 순간 인류가 하는 상업 거래 전체는 은행 데이터베이스에 고스란히 남게 된다. 은행 감시라는 하나의 망령이 오는 것이다. 그뿐만이 아니다. 무현금 사회에서 우린 소중한 것들을 잃을 수밖에 없다.

현금 거래에는 중개인intermediary이 필요 없다. 당연히 중개인에게 일정한 몫을 떼어줘야 할 이유도 없다. 하지만 '무현금 사회'가 되면 은행이나 기타 금융 중개자가 모든 거래에서 일정한 몫을 떼어가는 걸 막을 수가 없다. 게다가 이들은 결제 때 수집한 막대한 데이터를 자유롭게 이용할 수 있게 된다. 사람들은 이 정보들을 팔지도 않았고, 노출하고 싶지도 않지만 수집한 정보를 통해 중개인이 이득을 취하는 걸 차단할 도리는 없다.

현금은 중앙은행의 위험한 시도를 무력화할 수도 있다. 한데 무현금 사회가 되면 중앙은행의 폭주를 막을 방법이 사라진다. 현대 중앙은행은 마침내 금단의 영역이던 마이너스 금리정책NIRP, Negative Interest Rate Policy을 시도하고 있다. 그런데 이 시도 전에 반드시 장애물을 치워야 한다. 현금을 없애는 것이다. 현금이 존재하는 한, 중앙은행의 마이너스 금리 채택은 거의 불가능하다. 예금자들은 은행에서 돈을 빼내 중앙은행이 손 뻗치지 못하는 비밀스러운 금고에 보관하려 할 것이기 때문이다. 그렇게 되면 뱅크런대량 예금 인출은 불가피하다.

'무현금 사회'는 중앙은행과 은행들이 벌이는 작업에 초석이다. 무현금 사회에서 뱅크런은 불가능하다. 예금자들은 기껏해야 다른 은행으로 계좌를 옮기는 수밖에 없다. 정부와 중앙은행이 원하는 대로 우린 일방적으로 끌려가야만 한다.

반격도 있다. 비트코인으로 대변되는 암호 화폐에 시동을 거는 현상이다. 이들도 '무현금 사회'를 꿈꾼다. 하지만 그 방식과 이유는 앞선 기득권의 것과는 전혀 다르다. 이들은 은행 중개기능을 무력화하는 분권화한 데이터베이스를 꿈꾼다. 돈의 익명성을 존중한다. 하지만 이들이 강력한 힘을 가진 기득권정부와 은행과 싸워 이길 가능성은 크지 않다. 무현금 사회는 불가피하다.

분명 편리성도 중요하다. 다만 프라이버시, 익명성 등도 그 못지않게 소중하다. 우린 누군가에게서 '보이지 않을', '관찰되지 않을' 자유를 원한다. 하지만 정부와 은행은 강력한 동맹을 맺고 이를 앗아가려 한다. '무현금 사회'는 완전한 통제와 감시를 가능하게 한다. 21세기 어느 순간, 우린 24시간 감시에서 풀려날 수 없는 수인의 삶을 살아야 할지도 모른다. 편리성은 잔인한 대가를 요구한다.

여기까지가 내가 현금이 점차 사라지는 현실을 보고 추론한 미래상이다. 누구는 생소할 것이다. 어차피 미래는 누구도 경험해본 적 없는 미지의 세계이기 때문에 생소할 수밖에 없다. 우린 세계가 나날이 진보한다고 믿는다. 하지만 미래에 펼쳐질 풍경이 반드시 인류에게 우호적인 것은 아니다. '현금이 없는 세상'처럼 부정적인 경우도 다수다. 가령, 기술혁신이 만들어낼 미래도 인류에게 반드시 긍정적이지만은 않다.

점점 발달하는 컴퓨터와 로봇은 생산성을 높여 인류 전체 부를 높이는 긍정적인 역할을 할 것이다. 하지만 첨단기술은 수많은 일자리를 없앨 가능성이 크다. 예컨대 무인자동차로 상징되는 기술혁신은 인간과 일자리를 놓고 경쟁할 것이다. 무인자동차가 현실화하면 택시 기사나 대리운전기사 등 자동차 운전 직종 자체가 역사의 뒤안길로 사라질 가능성이 크다. 운전면허증이 필요 없어질 테니 그 발급기관이나 종사자도 축소가 불가피할 것이다. 교통단속 경찰도 지금보단 줄 게 틀림없다. 무인자동차는 교통법규를 지키도록 설계될 것이다.

이처럼 기술 혁신은 일자리를 위협한다. 흔히 이를 '기술과 인간의 경주'라고 표현한다. 인류는 이미 기술과 달리기 시합을 하고 있다. 기술을 쫓아갈 수 있다면 살아남겠지만 뒤처진다면 일자리는 심각하게 위협받을 것이 분명하다.

경제란 결국 모두가 골고루 잘 사는 것을 목표로 하지만 현실은 그렇지 않다. 일정한 파이를 어떻게 나눠 가질지가 핵심인데, 자본주의는 필연적으로 집중을 일으킨다. 소수에게 생산력이 집중되면서 부를 포함한 권력 일체가 그들에게 급속히 쏠린다. 그럼 나머지 다수인 대중은 지금보다 더 못한 상황에 부닥칠 개연성이 높다.

나는 이 책에서 미래를 추론해보고자 했다. 미래를 전망하는 것이 얼마나 위험한 행동인지 또 내일을 본다는 건 인간 영역이 아닐 수 있음을 잘 안다. 그런데도 우린 생존과 직결돼 있기에 생각하고 판단하는 존재이기에 앞을 보려는 노력을 중단할 수도 게을리할 수도 없다. 비록 앞날이 판도라의 상자를 열어젖힌 것처럼 결코 진보적이지만은 않다는 불편하고 고통스러운 무엇이더라도 말이다.

나는 할 수 있는 한 합리적인 추론 과정으로 미래를 보고자 했다. 경제는 자연과학이 아닌 사회과학으로 해는 동쪽에서 뜬다는 법칙처럼 정형화된 틀로 내일을 정확히 예견해내기 어렵다. 내가 사용한 추론 방식 역시 얼마든지 틀릴 수 있음을 고백한다. 다만, 비교적 가까운 미래에 벌어질 일이므로 그리 크게 틀리지는 않으리라고 본다. 또, 합리적 추론으로 얻은 결과라면 설사 그것이 잘못됐다 하더라도 현실 이해와 이를 추론하는 과정 그 자체는 의미가 있다고 믿는다.

무엇보다 이 작업으로 수많은 대중이 스스로 미래를 그려보고 내일의 경제에 대비할 힘을 기를 수 있기를 소망한다.

• 차례 •

3장

화폐 패러다임 전환
| 화폐라는 자본주의 축의 대전환 |

4장

첨단 기술과 일자리
| 자본, 신경제 그리고 일자리의 함수 |

1장

부채 슈퍼사이클의 끝에
온 세계 경제

| 돈 · 유동성 · 부채, 화폐량 역설 |

왜 부채가
버블의 연료가
되느냐고?

올해 주택 시장의 화려한 청약경쟁의 '그늘'에는 급등한 전셋값이 도사리고 있습니다. 저금리와 규제 완화 등 여러 가지 요인으로 신규주택 분양시장이 활황세를 이어가고 있지만 배경에는 '너무 올라 있는 전셋값'이 있다고 해도 과언이 아닙니다. 전세 버블거품이 무주택자의 내 집 마련을 압박(?), 전국 아파트 청약경쟁률을 높인 것이지요.

실제 올 들어 6월 말 현재 전국 아파트 전세가율매매가격 대비 전셋값 비율은 70%를 넘었습니다. 상반기에만 전국 전셋값은 지난해 말 대비 4.41%나 올랐지요. 유치원생과 초등학생이 있는 학부모들이 선호하는 서울 양천구 목동신시가지 아파트 3단지 전용면적 64~66㎡의 전셋값이 3억 8000만~4억 원에 이릅니다.

■ 문화일보. 2015.06.26.

마침내 한국에만 존재하는 버블_{거품}이 탄생했으니 바로 '전세 버블'이다. 어느새 우린 '버블'이란 단어를 즐겨 쓰는 지경에 이르렀다. 거품이라 번역되는 이 단어는 특정 자산 가격이 그 실제 가격을 벗어나 그 이상으로 거래될 때 사용된다. 그렇다면 '실제 가격'이란 무엇일까? 만약 그것이 존재한다면 실재하는 현상일 수 있다. 하나 모든 시장가격이 현실을 반영한 결과라면 이 세상 어디에도 거품은 존재하지 않을 것이다. 사실, 거품의 존재 여부는 학문적 논쟁으로까지 번졌다.

2013년 노벨 경제학상은 특히 많은 화제를 낳았다. 서로 반대편에 선 사람들이 공동 수상했기 때문이다. 시카고대 파마 교수와 예일대 실러 교수는 자산시장의 가격 결정에 관한 업적으로 노벨상을 공동 수상했다. 그런데 이들은 거의 상극이라 할 정도로 정반대 논리를 취한다. 논쟁의 핵심은 자산시장 '거품'이다. 파마는 시장에 거품은 존재하지 않는다고 말하지만, 실러는 과열 등 투자자들의 비합리적인 행동이 거품을 초래한다고 주장한다.

파마는 철저히 거품의 존재를 부정한다. 그는 '합리적 시장 가설'의 창시자로 잘 알려졌다. 그는 시장은 합리적이라고 주장한다. 참여자들은 모두 이성적이며, 시장은 모든 정보를 즉각 반영해 가장 합리적인 가격을 내놓는다고 한다. 거품이라 부르는 현상은 오를 만한 합리적 이유가 있는 것이지 비이성적 과열 때문은 아니라는 것이다. 참여자들이 비이성적 행태를 종종 보이며 시장 또한 이상 과열에 휩싸이곤 한다는 실러의 주장과는 정반대다.

사실 거품이 무엇인지에 관한 명확한 정의는 없다. 20년 전 경제학 교과서엔 아예 존재하지도 않던 단어다. 신조어인 셈이다. 개념 자체는 현재도 만들어지고 있다. 그러니 누구나 자기가 옳다고 주장할 수 있다. 학계 거물들 간 거품 논쟁은 불가피한 운명이다.

 거듭 말하지만 거품이 무엇인지는 아직 명확한 정의란 게 없다. 그러니 똑같은 현상을 보고 누구는 거품이라 하고 또 어떤 이는 지극히 정상이라 한다. 이해관계에 따라 혹은 현 국면을 보는 시각에 따라 거품은 얼마든지 정상으로 호도될 수 있고 반대로 정상이 거품으로 취급될 수도 있다. 그렇다면 의문이 생긴다. 정말 시장가격은 항상 합리적인가?

 그렇지는 않다. 튤립 알뿌리가 지금 값으로 20억 원대에 거래되던 때가 있었다. 17세기 초 네덜란드에서 실제로 벌어졌던 일이다. 이 거품은 3년에 걸쳐 5,900% 상승률을 기록한 후 끝난다. 돌이켜보면 상식적으로 이해할 수 없는 일이 벌어진 것이다. 인간은 외려 비합리적 행태를 보일 때가 더 많다. 시장가격 역시 마찬가지. 비합리적 인간은 때로 비합리적 시장을 만들어낸다.

 거품은 별 게 아니다. 특정 자산 가격이 역사적 평균치를 훨씬 웃돈다면 그것은 합리적이지 않다. 거품으로 불러야 옳다. 이는 대부분이 동의하는 사실이다. 물론, '훨씬'을 어느 정도로 정할 것이냐에 관해서는 의견이 분분하다. 우리가 여기서 거품의 정의나 본질을 다룰 필요는 없다. 그것들은 경제학자들이 풀어내야 할 숙제다. 단지 나는 거품이 존재한다고 믿고, 그래서 그 가정하에 거품이 생기는 원인이 대체 무엇인가를 알아보고자 한다. 거품은 정말 왜 생기는 걸까?

2008년 금융위기는 분명 미국 주택 시장에서 거품이 폭발하면서 시작됐다. 이는 이른바 '팩트'로 이의를 제기할 사람은 거의 없다. 그렇다면 주택 시장에 거품이 발생한 원인은 무엇일까? 대부분은 무분별한 신용 확대 즉, 부채 남발을 꼽는다. 그런데도 부채와 거품 간 상관관계를 명확히 이해하는 사람은 뜻밖으로 적다. 부채가 늘어나면 거품이 발생한다는 것은 정말 사실일까? 이를 명확히 하는 건 매우 중요하다.

신용 팽창은 정치가 의도한 산물이다. 명목 경제 성장률을 높이는 일은 정치인들이 사활을 건 문제다. 보통 경제 성장률과 정치인의 능력은 비례한다고 생각한다. 정치인들은 무슨 수를 쓰든 숫자를 높이려 애를 쓴다. 이때 가장 좋은 방법이 신용 팽창이다. 빚을 내더라도 일단 돈이 생기면 대중은 소비하기 마련이다. 팽창한 돈은 집과 주식 등 자산시장을 올리고 이는 부의 효과 wealth effect를 불러와 소비를 일시적으로 늘린다. 부의 효과란 주식, 부동산 같은 자산 가격이 상승하면 부자가 된 느낌에 돈을 더 쓰게 되고 결국 이것이 경제를 자극할 거란 이론이다. 소비가 늘면 성장률이 높아지는 건 당연하다. 성장이란 국민소득의 증감을 말한다. 국민소득이 늘어나면 플러스 성장을, 줄어들면 마이너스 성장을 하는 것이다. 국민소득은 소비, 투자, 정부지출, 순수출의 총합이므로 소비가 늘면 성장률은 높아지게 된다.

문제는 적정량 이상의 신용 팽창이 필연적으로 자산시장에 거품을 불러온다는 점이다. 한데 모든 거품은 언젠간 반드시 꺼진다. 그러면 정치적 의도의 산물인 신용 팽창은 온전히 빚을 진 사람들 몫으로 남게 된다. 소비할 때 지르는 환호는 일시적이지만 빚은 그보다 훨씬 긴 시간 동안 청산할 때까지 지속한다.

신용사회인 현대를 사는 사람이라면 현명해져야 한다. 부채가 어떻게 거품을 만들어내며 그것은 또 왜 지속할 수 없는지를 이해해야 한다. 그렇지 못하면 우린 누군가가 조종하는 '꼭두각시 인형'의 삶을 살 수밖에 없다. 자본주의가 원하는 현대판 노예의 삶이다.

빚이 거품을 만드는 메커니즘

거품은 매수자가 있으므로 생긴다. 매수자가 없는 시장에서 거품이 발생한다는 건 상상할 수 없다. 물론 매수자가 없는 자산시장은 현실 세계에선 존재하지 않겠다. 언제나 가격이 싸다고 생각하는 낙관론자 흔히, 시장에서 말하는 '비이성적 과열irrational exuberance'에 휩싸인 사람들이 있는 것이다.

거품은 두 가지 조건이 충족돼야 발생한다. 우선 매수자가 낙관론자여야 한다. 그리고 해당 자산 가격이 오르더라도 매수할 '누군가'가 반드시 나타날 거란 믿음이 있어야 한다. 가격이 내릴 것으로 생각하며 자산을 사는 사람은 없다. 통상 특정 자산을 매입할 때는 그것이 언젠가는 오른다는 믿음을 전제로 한다. 또 오르더라도 '누군가'는 반드시 사줄 거란 확신이 있다. 자산을 사는 일은 소비할 상품을 사는 게 아니라 미래에 팔 것을 항상 염두에 두고 이루어진다. 그때 누군가가 사주지 않는다면 자산 구매는 의미가 없으며 거품 가능성은 애초에 생기지 않는다.

예일대 교수인 존 지나코플로스John Geanakoplos는 부채가 낙관론자의 구매력을 어떻게 확장하는지 연구했다. 동시에 자산 가격이 지속해서 오를 거로 믿는 사람합리적 투기자들의 구매력을 부채가 어떤 방식으로 증폭시키는지도 연구했다.

주류 경제학은 이자가 수요와 공급 메커니즘을 통제할 수 있다고 주장한다. 하지만 지나코플로스는 '담보에 관한 신용한도 비율'에 주목했다. 이자율 이상으로 레버리지가 자산 가격에 영향을 미친다고 주장했다. 레버리지가 높으면 자산 가격에 거품이 생기고 반대로 낮으면 자산이 저평가된다는 것이다. 레버리지leverage란 차입금 등 타인자본을 이용하여 자기자본의 이익률을 높이는 행위를 말한다.

이제 본격적으로 부채의 레버리지 효과와 그것이 어떻게 거품 연료가 되는지 알아보자. 시장에 100채의 똑같은 주택이 매물로 나온 상황을 상상해보자. 이 세계엔 두 부류의 사람들만 존재한다. 낙관론자와 비관론자다. 비관론자들은 주택 가격이 1억2천만 원 정도라 믿는다. 반면에 낙관론자들은 주택 가격이 너무 저평가돼 있으며 1억5천만 원 정도가 적정가격이라 생각한다. 그렇다면 위 가상 세계에서 집값은 어떻게 결정될까?

가격은 낙관론자와 비관론자의 수로 결정될 것이다. 낙관론자 수가 충분해 100채의 주택을 모두 살 수 있다면 주택 가격은 1억2천만 원을 넘어 1억5천만 원이 될 것이다. 하나, 낙관론자 수가 충분치 않아 비관론자들이 주택을 사야 하는 상황이라면 주택가격은 1억2천만 원에 머물 것이다. 시장 가격은 전체 매물이 소화될 수 있는 가장 낮은 가격에서 결정되는 탓이다. 싼 집이 있는데 그보다 더 비싸게 주고 사는 바보는 없을 것이다. 똑같은 주택이라면 같은 가격에 팔려야 하는 게 원칙이다.

이제 부채를 조달할 수 없는 세상을 가정해보자. 집을 사려는 사람들은 집 가격 전부를 현금으로 지급해야만 한다. 낙관론자들이 가진 총 현금이 30억 원이라고 해보자. 이런 경우라면 이들이 구매할 수 있는 주택의 최대치는 25채뿐이다. 주택은 한 채당 최저 1억2천만 원이기 때문이다. 이들이 매수하면서 주택가격은 조금씩 상승할 것이다. 하나, 시장 매물 전체를 매수할 수 없으니 주택가격은 비관론자들이 매수하려고 하는 1억2천만 원까지 다시 떨어지게 된다. 부채가 없는 세상이라면 주택 가격은 1억2천만 원에 머물 것이다. 낙관론자들이 최대 25채를 사게 되고 비관론자들은 남은 75채를 구매하게 된다.

그럼 부채를 조달할 수 있다면 주택가격은 어떻게 영향받을까? 낙관론자들이 주택가격의 80%에 이르는 부채를 빌릴 수 있다고 가정해보자. 이는 주택가격의 20%에 상당하는 현금만 있다면 집을 살수 있다는 말과 똑같다. 차입 능력이 생기면 즉, 부채 조달이 가능해지면 낙관론자의 구매력은 극적으로 늘어난다. 현금 1원이 있다면 4원의 부채를 빌릴 수 있다. 30억의 현금으로 120억을 빌릴 수 있으니 총 가용 자금은 150억 원이 된다. 30억 원으로 150억 원의 효과를 누리게 되는 것이다. 이것이 바로 레버리지 효과다.

이제 낙관론자들은 설사 주택가격이 1억5천만 원까지 오르더라도 시장 매물 100채를 모두 구매할 수 있게 된다. 부채가 가져다주는 확장된 구매력으로 시장의 모든 주택을 살 수 있게 되는 것이다. 부채가 끼어들면서 주택가격은 낙관론자들이 기꺼이 지급하려는 금액으로 결정된다. 부채 조달이 가능해지는 순간 주택가격은 그 즉시 1억5천만 원으로 오른다. 빚을 낼 수 있는 세계에서는 낙관론자들이 시장의 모든 주택을 살 수 있다.

그런데 이들에게 돈을 빌려주는 사람은 누구일까? 돈을 빌려줄 때는 한 푼의 손해도 없이 돌려받을 수 있다는 확신이 있어야 한다. 되돌려 받을 수 없다고 생각한다면 누구도 빌려주려 하지 않을 것이다. 우리가 사는 세계엔 단지 두 부류의 사람만 있다고 가정했다. 낙관론자들에게 돈을 빌려주는 사람은 다름 아닌 비관론자들이다. 왜일까? 비관론자들은 주택가격이 1억2천만 원 이상 오르지 않으리라고 믿는다. 그래서 그들은 낙관론자들이 너무 과도한 가격을 주고 집을 구매한다고 생각한다. 그런데도 그들은 기꺼이 낙관론자들에게 1억5천만 원에 주택을 사라고 1억2천만 원을 빌려준다. 왜냐하면, 비관론자는 주택을 담보로 잡을 수 있기 때문이다. 비관론자는 거품이 머지않아 터질 것이며 주택 가격은 다시 1억2천만 원이 될 것으로 본다. 그럼에도 돈을 빌려주는 까닭은 자신이 빌려준 돈을 충분히 되돌려 받을 수 있을 거란 사실을 이해하기 때문이다. 1억2천만 원을 빌려주었지만, 주택가격이 아무리 내려가도 빌려준 가격은 될 것으로 믿으므로 자기 돈은 충분히 보호되리라 생각한다.

부채는 거품 속도를 높인다

부채는 위 사례에서처럼 주택가격을 높인다. 그러나 이것이 필연적으로 거품을 말한다고 볼 수는 없다. 우리는 사람들을 낙관론자와 비관론자로 나눴다. 주택가격 오름세가 거품이냐 아니냐는 둘 중 누가 옳은가로 결정된다. 낙관론자가 옳다면 주택가격은 상승된 상태를 유지할 것이다. 거품 폭발은 없을 것이고 그 폭발로 인한 위기도 생기지 않을 것이다. 그러나 비관론자가 옳다면 주택가격 상승은 일시적일 것이며 미래 어느 시점에서 그 거품은 터질 것이다.

문제는 자산 가격이 상승하는 그 자체가 거품을 잉태한다는 데 있다. 주택가격 상승은 일정한 수준으로 유지되지 않는다. 가격 상승 자체가 새로운 시장참여자 즉, 투기자들을 불러 모아 폭등 상황으로 번지는 탓이다. 본격적으로 거품이 시작되는 셈이다. 부채는 거품을 촉진할 뿐만 아니라 적어도 일정 기간 이를 지속시킨다. 부채에 접근이 쉬워질수록 낙관론자들은 더 많아진다. 이것은 더 높은 가격일지라도 자산을 구매할 '누군가'가 있을 거란 믿음을 강화한다. 그 세력은 점점 더 커진다. 이렇게 거품이 심화할 거란 기대는 낙관론자에 더해 투기자들을 시장에 끌어들이는 유인이 된다.

주택 붐을 비롯한 자산시장 거품을 설명할 때 '야성적 충동animal spirit'의 요소가 있다는 것에 주목해야 한다. 케인스는 '야성적 충동'을 주로 기업가들이 의사결정 과정에서 발생했다고 설명했다. 즉, 기업가들은 기대수익이 기대되는 틈새시장이 있을 때 거의 동물적인 감각으로 진입을 결정한다는 것으로 '야성적 충동'이란 개념은 여기서 비롯됐다. 하지만 야성적 충동은 기업가들이 아니라 되레 투기세력들에서 많이 발견된다. 이들은 동물적인 감각으로 자산 가격 강세 현상이 지속할 거란 걸 안다. 이들이 참여하면서 시장은 거품을 향해 본격적으로 달려간다.

신용 팽창을 막아야 거품 제어가 가능하다

그렇다고 거품이 생기는 원인이 '야성적 충동'에 있다고 오해하면 곤란하다. 거품 생성에 가장 크게 이바지하는 것은 역시 신용 팽창이다. 설사 비이성적·비합리적 낙관론자가 다수여도 재원 조달이 불가능하면 거품은 생기지 않는다. 부채 조달이 얼마든지 가능한 세상에서는 거품을 막을 수 없다. 가격이 오르는데도 여전히 '비합리적 낙관론자'들이 자금을 조달할 수 있다고 믿으면 '합리적 투기자'들은 시장에 진입한다. 이것은 거품을 끊임없이 팽창시킨다.

문제는 담보 자산을 토대로 한 신용창출을 통해 호황기 때는 끝없는 거품을 만들어낼 수 있지만, 그것이 영원히 지속할 수 없다는 데 있다. 불황기가 오면 담보 자산의 시장가치는 낮아지고 채무자들의 이자상환능력 또한 고갈되기 마련이다. 게다가 신용창출이 언제나 담보 자산만큼 발생하리란 보장도 없다. 오히려 담보 자산 이상의 무분별한 신용이 공급되는 게 일반적이다. 이것이 붕괴를 불러오는 뇌관이라는 점만은 분명하다.

거품을 막는 가장 효과적인 방법은 무분별한 신용 팽창을 경계하는 것이다. 이는 결국 담보 가치를 넘는 신용 공급을 자제해야 한다는 의미다. 문제라면 담보 가치를 어떤 기준으로 산정할 것이냐인데, 이는 극히 기술적인 사안으로 분명한 것은 보수적 기준이 적용돼야 한다는 점이다. 신용 팽창은 마음먹기에 따라 얼마든지 통제할 수 있다. 신용은 정치의 몫이고 이는 결국 인간이 만드는 작품이다. 신용을 늘리거나 줄이는 것도 결국은 사람 몫이다.

풍부한 돈은
어떻게 디플레이션
재료가 되나

최경환 경제부총리 겸 기획재정부 장관은 15일 추가경정예산^{추경} 편성이 디플레이션에는 다소 도움이 될 것으로 내다봤다. 최 부총리는 이날 국회 기획재정위원회 전체회의에 참석해 추경이 디플레이션에 끼칠 영향에 대해 "(추경) 그것만 가지고 극복될지는 여러 논란이 있을 수 있지만, 디플레이션에 도움은 다소 될 것이다"고 밝혔다.

현재 경제 상황은 소비자물가 상승률이 6개월 연속 0%대를 기록하며 디플레이션 우려가 계속 지속하는 상황이다. 추경이 디플레이션 우려 해소에 일정 부분 도움이 될 것이라는 예측이다.

■ 아시아경제. 2015. 06. 15.

지난 몇십 년에 걸쳐 한국은 고도성장했다. 더불어 물가도 고공 행진했다. 그때만 해도 의례 물가는 오르기만 하는 건 줄 알았다. 그러니 2008년 금융위기 이후 일상이 된 저성장과 저물가 현상은 우리에게 낯선 현상일 수밖에 없다. 사실, 이 같은 저물가, 저성장 현상은 우리만 겪는 건 아니다. 지구촌 선진국 대부분이 경험하고 있다. 그 때문일까? 요즘 가장 뜨거운 경제용어를 꼽으라면 단연 '디플레이션'일 것이다.

세계 어디 할 것 없이 물가 내림세가 일반화하고 있다. 언론은 이 현상을 마치 경제적 파국이 가까이 온 양 과장해 보도한다. 이해는 간다. 익숙하지 않은 생소한 풍경은 두렵기 마련이니까. 세계 경제는 일본 등 극히 소수의 국가를 빼곤 1940년대 이래 디플레이션을 경험한 적이 없다. 한데, 그런 희귀한 경제적 현상이 일반화하고 있으니 호들갑을 떠는 것은 어쩌면 당연하다.

어느새 디플레이션은 반드시 물리쳐야 할 '악'으로 상정됐다. '무슨 짓을 해서든' 물가 하락세를 막고 오름세로 반전시켜야 한다고 목소리를 높인다. 실패하면 그 자체로 죄다. 세계 중앙은행엔 비상이 걸렸다. 이상한 일이 아닐 수 없다. 원래 중앙은행의 가장 중요한 목표 중 하나가 '인플레이션' 억제다. 이른바 '물가안정 목표'가 중앙은행의 주요 기능인 것이다. 다른 말로 하면, 얼마 이상 인플레이션이 발생하지 않도록 통화정책을 운용해야 한다.

반면, 디플레이션을 방어해야 한다는 것은 중앙은행의 공식적 목표가 아니다. 단지, 성장을 촉진하고 고용을 안정시켜야 한다는 목표 속에 뭉뚱그려 있을 뿐이다. 그럼에도 오늘날 중앙은행은 '디플레이션' 방어가 그들이 존재하는 이유인 것처럼 행동한다. 중앙은행에서 일하려면 우선 DNA 치환 수술을 받아야 한다. 디플레이션에 강하게 반대하는 유전자를 이식받아야 한다. 2% 인플레이션은 별것 아니라고 생각하면서도 2% 디플레이션이라면 이들은 히스테릭한 반응을 보인다. 아니 1%라도 물가가 떨어지면 금방이라도 경제가 무너질 것처럼 야단을 떤다.

왜일까? 디플레이션은 성장 경제란 현대 경제의 패러다임을 근본부터 무너뜨리기 때문이다. 디플레이션 자체가 마이너스 성장을 의미한다. 게다가 부채 크기는 디플레이션이 심화할수록 상대적으로 커진다. 부채를 기반으로 성장한 현대 경제엔 치명타가 아닐 수 없다.

자본주의는 팽창하면서 과잉생산 시대를 낳았다. 자본은 어떻게 하든 넘쳐나는 생산물을 처리해야 한다. 무슨 수를 쓰든 그것들을 팔아야 한다. 과잉 생산물을 처리할 방법은 과잉 소비뿐이다. 물론 대중의 지갑은 이미 마른 상태다. 남은 방법은 빚을 공급해 소비를 유도하는 것뿐이다. 생산물이 넘쳐날수록 빚도 그만큼 늘어날 수밖에 없는 게 자본주의의 민낯이다.

여기에 정부까지 가세했다. 성장을 위해 소비가 필요한 상황, 다시 빚이 강권됐다. 오늘의 세계는 부채라는 거대한 대양 위에 떠 있는 섬과도 같다. 이런 상황에선 가만히 앉아만 있어도 부채가 상대적으로 커지는 디플레이션 상황은 끔찍할 수밖에 없다. 디플레이션은 빚진 주체 특히 정부에겐 악몽일 수밖에 없다. 과잉 생산물을 처리해야 할 자본기득권엔 공포 대상이다.

무엇보다 디플레이션은 통화정책이 작동하는 걸 방해한다. 중앙은행은 소비를 진작하려고 기준금리를 제로에 근접시킨다. 하나 경기는 좀처럼 살아나지 않는다. 이때 추가 위기가 온다면 중앙은행은 더 쓸 수단이 없다. 금리를 제로 이하로 내릴 수 없기 때문이다. 중앙은행에 디플레이션이란 물리쳐야 할 괴물일 수밖에 없다.

그런데 정말 세계는 디플레이션 상황인 걸까? 그렇다면 그건 대체 누가 만들어낸 것일까? 어디서 온 걸까? 중앙은행 아니 주류 경제학은 그 책임에서 벗어날 수 있을까?

자산 시장의 가격 폭등

우선 인플레이션과 디플레이션이 무엇인지 명확히 할 필요가 있다. 이들 용어는 실제 혼란이 있다. 이는 불가피한 면이 있는데, 학파에 따라 그 정의가 다르기 때문이다. 루드비히 폰 미제스Ludwig von Mises가 주도한 오스트리아학파는 인플레이션을 화폐공급 증가로, 디플레이션을 화폐공급 감소로 정의한다. 물가와 관계없이 화폐공급량 자체로 인플레이션과 디플레이션을 구분한다.

반면에 주류경제학일반적으로 케인스주의에서는 인플레이션을 '가격 오름세', 디플레이션을 '가격 내림세'로 정의하는 경향이 있다. 일반적으로 물가가 오르느냐 내리느냐로 구분하는 것이다. 그래서 인플레이션·디플레이션에 관해 말을 할 때는 그것이 오스트리아학파가 주장하는 '통화 인플레이션'인지 케인스주의가 주장하는 '가격 인플레이션'인지를 구분하는 게 중요하다.

이 두 학파의 정의는 얼핏 연관성이 깊은 것처럼 보인다. 통화 팽창 시엔 즉, 돈이 풀릴 땐 가격이 오르고 통화 수축 시엔 가격이 내리는 게 일반적이기 때문이다. 이 경우에 두 학파는 대립하지 않는다. 하지만 상황에 따라서는 전혀 관련이 없어 보일 때도 있다. 오늘날 목격하는 것처럼 화폐 공급 증가가 필연적으로 가격 상승을 수반하지 않는 경우다.

최근 몇 년간 각국 중앙은행은 제로금리와 양적완화를 통해 천문학적인 유동성을 공급했으나 물가_{가격}는 정체하거나 오히려 내려가고 있다. 당황스러운 현상이 아닐 수 없지만 실제다.

그런데 정말 돈을 푸는데도 가격은 오르지 않는 걸까? 아니다. 편견 없이 세상을 본다면 가격 상승이 없다고 단언할 수 없다. 공식적인 인플레이션 통계에 잡히지 않는 곳에서 가격은 오르고 있다. 그것도 높은 오름세가 지속하고 있다. 바로 '자산시장'이다. 미국 주식시장은 사상 최고치를 갈아치웠으며 유럽은 침체 상황에서도 유독 주식시장 등 자산시장만 호황이다. 일본 역시 양적완화를 시행하면서 바닥 수준이던 주가가 상당히 올랐다.

한국 역시 예외는 아니었다. 2008년 10월 말 금융위기 직격탄을 맞은 코스피지수는 900 정도 수준이었다. 한데 2015년 6월 23일 엔 2000을 훌쩍 넘겼다. 100% 이상 올랐다.

그뿐인가. 전 세계 채권시장은 금융위기 이후 초강세 국면이다. 쓰레기 같은 회사 채권도 과거엔 상상할 수 없을 가격으로 팔렸다. 부동산은 또 어떤가. 미국의 주택 시장은 캘리포니아와 같은 일부 지역에선 금융위기 직전의 고점을 이미 넘어선 상황이다.

한국도 마찬가지다. 2015년 6월까지 부동산 가격이 올랐다. 더군다나 전·월세는 폭등하고 있다. 가격 상승 즉, 인플레이션은 없는 게 아니라 통계에 잡히지 않는 곳에서 발생했다.

돈을 풀면 어딘가에서 반드시 가격은 오른다. 그것이 공식 물가통계에 잡히느냐 여부에 따라 인플레이션과 자산 가격 상승으로 나뉠 뿐이다. 자산 가격 오름세도 '숨겨져' 있을 뿐 분명 인플레이션이다. 불황기에도 주식, 부동산, 채권 시장 등은 강세를 보인다.

이는 누구나 인정하듯 중앙은행이 벌이는 통화팽창 정책 때문이다. 그런데 누구도 이를 불평하지 않는다. 그저 시장이 그 가치를 인정한다고 생각할 뿐이다. 자산 인플레이션이 발생하지만, 대부분 그것을 물가가 상승하는 가격 인플레이션처럼 위험하다고 생각하지 않는다. 그런데 알고 보면 그 폐해는 심각하다. 자산 인플레이션은 결국 디플레이션을 만들기 때문이다.

유동성→자산 인플레→디플레이션의 연쇄고리

중앙은행은 의도적으로 자산 가격을 높인다. 즉 자산 인플레이션을 유도한다. '부의 효과'를 노리기 위해서다. 문제는 특히 최근 발표된 학술 논문 대부분이 부의 효과를 부정한다는 사실이다. 효과만 없으면 다행인데 부작용이 심각하단다.

자산 가격 상승은 상당 기간 지속하며 마침내 거품으로 발전한다. 그리고 반드시 터진다. 이때부터 자산 가격 디플레이션이 현실화한다. 우리는 이를 보통 '베어마켓약세장'이라 부른다. 문제는 이 베어마켓이 경기후퇴를 불러온다는 것이다. 경기후퇴가 베어마켓을 낳는 게 아니라 베어마켓 자체가 경기후퇴를 만들어낸다.

2008년 금융위기 때도 주식시장과 부동산시장이 먼저 붕괴하면서 실물 경제에서 불황이 시작됐다. 중앙은행이 의도적으로 자산시장을 부양하는 일은 그래서 위험하다. 중앙은행은 보통 대출 즉, 신용 확대를 위해 금리를 내리고 양적완화를 시행한다. 이는 물론 소비와 투자 등 수요를 늘리려는 고육책이다. 하지만 경기침체 때 소비와 투자 욕구는 반드시 위축된다. 소비자는 부채를 갚느라 분주하고 기업은 얼어붙은 소비에 감히 생산적인 투자를 생각하지 못한다.

중앙은행이 공급한 유동성은 그저 자산시장에 몰릴 뿐이다. 기업 수익성은 나날이 하락하고 임금도 내려가며 실업률만 높아 간다. 결국, 총수요 위축으로 디플레이션이 가시화하고 이에 부정적 나선효과가 더해져 마침내 깊은 침체로 이어진다. 바로 일본의 '잃어버린 20년', 유럽의 오늘이 그렇다. 그리고 불행한 일이지만, 내일의 한국도 그럴 것이다.

세계 경제는 부채 슈퍼사이클의 끝에 와있다. 지난 수십 년 동안 세계는 저축 시대에서 부채·소비시대로 급속히 변화했다. 우린 지난 30년 동안 거대한 신용카드를 발급받아 외상으로 소비했다. 이는 가계만이 아니다. 기업도 정부도 모든 경제주체가 부채란 스테로이드 제를 맞으며 성장을 일궈왔다. 이제 그 대가를 내야 할 시점이다. 변제기일이 다가온 것이다.

모든 경제주체는 그들이 빌릴 수 있는 한 최대로 빌려 썼다. 이제 부채는 더는 강력한 모르핀 혹은 스테로이드제가 될 수 없다. 우린 장기적 저수익, 저성장, 저인플레이션, 저금리에 익숙해질 필요가 있다. 이런 현상은 금융위기 이후 우리가 목격하는 징후다.

낮은 경제 성장은 부분적으로 자산 가격 상승과 부의 효과로 일시적으로 회복되는 듯 보일 수 있다. 그러나 그것이 우리가 직면한 '부채 축소시대'를 바꾸진 못한다. 부채를 마냥 늘릴 수는 없다. 부채를 담보물 이상 발행할 수는 없는 법이다. 자원은 유한하고 담보물 역시 유한하다. 부채 혹은 신용 또한 유한할 수밖에 없다. 부채를 담을 수 있는 그릇은 유한한데 마냥 커지면 어찌 될까. 깨지게 된다. 바로 부채위기라 말하는 빚의 폭발이다.

디플레이션이 일어나는 주요 원인 중 하나가 총수요 감소다. 그것이 발생하는 이유는 소비나 투자를 할 수 없을 정도로 소득이 불충분한 데 있다. 이 부분이 핵심이다. 디플레이션에서 벗어나 인플레이션을 유발하려면 임금 상승을 포함한 경제주체의 소득 상승이 필수적이다.

소득이 늘지 않으면 2%를 넘는 인플레이션은 어렵다. 이는 현실에서 증명된다. 독일은 2015년 최저임금을 시간당 8.5유로로 올렸다. 가계수입은 2014년 동기 대비 8.8% 늘었는데 소비 욕구는

26.5%나 늘었다. 다음 기사를 보면 소득을 늘리는 게 왜 성장에 도움이 되는지를 명확히 알 수 있다.

지난 18일 오후 2시쯤 독일 베를린의 고급 백화점 '카데베'. 평일 오후 시간에도 백화점 모든 층에는 쇼핑객이 가득 차 있었다. 이어 찾아간 옛 동베를린 지역의 초저가 의류 브랜드 '프라이마크' 매장은 더 했다. 발 디딜 틈 없이 북적이는 매장에서 수많은 젊은이가 옷을 고르고 있었다. 백화점, 대형 쇼핑센터에서부터 골목 상가까지 최근 독일의 유통 현장에서는 이처럼 활기차고 역동적인 분위기를 쉽게 느낄 수 있다.

독일의 시장조사 업체 GfK는 지난달 말 "독일인의 소비 성향이 2001년 10월 이후 가장 높은 수치를 기록했다"고 발표했다. (⋯) GfK는 "독일 소비자들의 가계 수입은 지난해 같은 달보다 8.8% 늘어났는데, 구매 욕구는 무려 26.5%나 늘었다"고 밝혔다.

독일은 지난해 9월 최저임금제를 도입했고, 올해부터 시행에 들어갔다. 최저임금은 시간당 8.5유로약 1만700원로 정했다. 최저임금제 도입 법안에 대해 안드레아 날레스 노동장관이 "힘들게 일하면서 낮은 보수를 받았던 수백만 근로자의 현실은 끝났다"고 예언했던 대로, 500만 명 이상의 저임금 근로자가 직접적인 혜택을 받고 있다. 서민층의 임금이 늘어나 내수경기가 활성화될 것이라는 기대가 커졌고, 저유가와 맞물려 소비 심리가 호전됐다.

■ 조선비즈. 2005. 06. 22.

경제적 곤경에 처한 국가들을 보면 대부분 실질임금이 정체 상태다. 수십 년에 걸친 불황 속 일본도, 독일을 제외한 유럽도 마찬가지다. 그래서 이들이 서둘러 임금을 올리려고 애를 쓰는 것이다. 이는 미국에도 해당한다.

답은 이미 나와 있다. 정부나 중앙은행이 펴는 정책의 초점이 돈을 쉽게 빌리는 데 집중돼서는 안 된다. 그 반대가 정답이다. 돈을 벌기 쉽게 만들어줘야 한다. 그것도 가능하면 많이 벌게 해줘야 한다. 무엇보다 번 돈을 유지할 기회를 만드는 데 정책 초점이 맞춰져야 한다. 그래야 인플레이션도 발생하게 되는 것이다.

빌리기 쉬운 세상에서 끝은 뻔하다. 부채가 남발되면 반드시 자산 가격에 인플레이션이 발생한다. 오늘날 세계의 민낯이다. 우리는 현재 실물 경제 침체 속에 자산시장만 고공 행진하는 기현상을 똑똑히 지켜보고 있다. 역사는 자산 가격 인플레이션은 디플레이션으로 그리고 경기 후퇴로 귀결됨을 보여주고 있다.

오늘날 한국뿐만 아니라 거의 모든 중앙은행은 과거와 똑같은 실수를 반복하고 있다. 그저 부채 남발을 통해 자산시장만 부양해 '부의 효과'를 노리겠다는 것이다. 이는 실패한다. 정답은 빚을 줄이는 데 있다. 그리고 소득을 늘리는 데 있다. 인류 수천 년 역사가 그것이 바른길이라 말하고 있다.

새로운
부채위기가
시작된다

스웨덴 중앙은행이 노벨 경제학상 수상자인 폴 크루그먼을 향해 '책을 더 많이 읽고 글을 덜 쓰라'고 비판했다고 15일_{현지시각} 블룸버그 통신이 전했다. 크루그먼은 스웨덴의 반응을 이해할 수 없다며 항변했다. 사건의 발단은 이렇다. 크루그먼은 스웨덴 중앙은행이 '가학적 통화정책 sadomonetarism'을 펼치고 있다고 비난했다. 그는 "2010~2011년 유럽 재정위기가 발생했을 때 디스인플레이션 위험에도 기준금리를 높게 인상하고 이를 빨리 인하하지 않았다"고 말했다. 이어 "스웨덴 중앙은행이 스웨덴 경제를 피할 수 있었던 디플레이션 함정으로 몰고 갔다"며 일본식 디플레이션을 우려했다.

■ 이데일리. 2015.03.06.

2008년 금융위기는 대공황 이래 가장 혹독한 경제적 시련을 지구촌에 안겼다. 이른바 '대침체'라 부르는 세계 경제 위기는 중앙은행을 비롯한 주류 이코노미스트들에겐 실패를 의미했다. 이 때문에 이들은 어떤 수단을 쓰든 자신들에게 쏟아진 비난과 오명을 벗어야 했다. 그들의 무기는 전에도 그랬듯 '통화정책'이었다. 발권력이야말로 '전가의 보도'였다.

오늘날 엘리트 경제학자들은 무엇을 꿈꾸는가? 진보 경제학자인 폴 크루그먼의 철학에서도 팽창적 통화정책에 대한 선호를 엿볼 수 있다. 그는 세계 경제가 품은 문제로 '3D'를 지목한다. '3D'는 노동인구 감소 문제Demography, 가계가 빚을 줄이는 부채 감축Deleveraging, 인플레이션 관리에 과도하게 집착하는 중앙은행들의 도그마Dogma를 말한다. 그는 부채를 줄이고 인플레이션을 관리하는 걸 문제로 지적하고 있다. "성장이 목표이며 이를 위해서는 부채를 늘릴 수도 있고, 인플레이션을 관리하기보다는 오히려 조장할 수도 있다."는 것이 바로 엘리트 경제학자들 입장이다. 물가안정을 위해 팽창적 통화정책 사용을 겁내다간 이들의 비난을 감수해야 한다. 실제로 인도와 스웨덴 중앙은행은 엘리트 경제학자의 수장 격인 크루그먼에게 비난을 들어야 했다.

세계는 이 엘리트들의 충고를 받아들였다. 미국은 물론이고 유럽, 일본이 전례 없는 과감한 통화정책을 사용했다. 금융위기 이후 7년, 이들은 승리의 축배를 들려고 했다. 미국은 탄탄한 회복세를 보이고 일본은 지난 25년의 침체를 벗고 활기를 되찾는 듯하다. 유럽 경제지표 역시 수렁에서 벗어나는 느낌이다. 겉으론 세계 경제에 봄이 온

모양새다.

그렇다면 세계는 정말 위기를 벗어난 것일까? 발권력에 의지한 성장은 안정적인 걸까? 혹 장밋빛 주식시장과 값싼 부채가 우리의 눈과 귀를 가리고 있는 건 아닐까?

폭증하는 부채를 경고하는 목소리들

"역사적으로 보면 높은 수준의 부채는 그것이 공공부채든 민간부채든 상관없이 성장을 지체시켰으며 금융위기의 위험을 높였다. 이로 인해 깊은 침체가 유발됐다." 마치 진보적 색채의 연구소가 내린 결론처럼 보인다. 하지만 아니다. 유명 컨설팅 회사인 매킨지가 2015년 2월 발표한 보고서 결론이다. 〈부채와 디레버리징Debt and (not much) deleveraging〉이란 제목으로 등장한 이 보고서는 22개 선진국과 25개 개도국 등 총 47개국의 부채 진행 상황을 추적했다. 글로벌한 시각에서 부채를 분석한 결과, 3개의 새로운 리스크가 출현하고 있으며 이 때문에 금융위기가 다시 재현될 수 있음을 경고하고 있다. 다음은 간추린 내용이다.

1. 정부부채는 2007년 이래 25조 달러나 급증했다. **몇몇 국가에서는 지속 불가능할 정도로 폭증했다.** 금융위기 돌파를 위한 구제금융과 경기 활성화 프로그램에 투입된 재원 때문이다. 지나칠 정도로 높은 부채를 안고 있는 몇 개국

은 즉시 부채 축소에 돌입해야 한다. 광범위한 자산매각, 일시적 부유세, 더욱 효율적인 부채 재조정 프로그램 등이 필요하다.

2. 가계부채는 신고점에 도달했다. 핵심 위기 국가였던 아일랜드, 스페인, 영국, 미국에서만 줄었을 뿐 그 외 국가들에서는 소득 대비 부채비율이 지속해서 높아졌다. 일부 국가에선 2008년 핵심 위기 국가들이 기록했던 전고점을 넘어섰다. 오스트레일리아, 캐나다, 덴마크, 스웨덴, 네덜란드 등 선진국을 비롯해 한국, 태국, 말레이시아 등이다. 이들 국가가 2008년과 같은 부동산 관련 부채 위기를 피할 수 있으려면 지금부터라도 제도 정비가 시급하다. 개인 파산 법규 정비와 더불어 더욱 엄격한 대출기준과 거시건전성 규제 등이 필요하다.

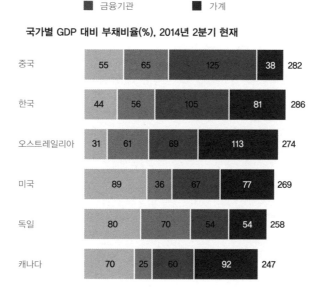

	정부		비금융기관
	금융기관		가계

국가별 GDP 대비 부채비율(%), 2014년 2분기 현재

국가	정부	비금융기관	금융기관	가계	합계
중국	55	65	125	38	282
한국	44	56	105	81	286
오스트레일리아	31	61	69	113	274
미국	89	36	67	77	269
독일	80	70	54	54	258
캐나다	70	25	60	92	247

3. 부동산시장 과열과 그림자금융에 의해 촉발된 중국의 총부채는 2007년 7 조 달러에서 2014년 중반 28조 달러로 4배나 급증했다. 대출의 질은 최악이 다. 대출 절반 이상이 직간접적으로 부동산시장과 그림자금융과 관련돼 있으 며 지방정부 부채 대부분은 지속 불가능하다. 중국 당국은 금융부문을 충분히 구제할 수 있을 것이다. 다만, 부채 문제를 수습하느라 성장은 둔화할 것이며 이는 세계 경제에 악영향을 끼칠 것이다.

2008년 위기의 본질은 부채였다. 한데, 그로부터 7년 뒤 세계는 부채를 줄이기보다 오히려 늘렸다. 정부·가계·기업 부채를 포함한 글로벌 부채는 2014년 2분기 기준으로 2007년 4분기보다 57조 달 러나 늘어났다. 글로벌 국내총생산GDP 대비 부채비율은 17% 포인 트 증가했다. 매킨지는 이런 사실을 토대로 금융 안정성에 새로운 리 스크가 발생하고 있으며 이는 다시 경제 성장을 해칠 수도 있다고 경 고하고 있다.

정부부채를 제외한 민간부채도 폭증 양상을 보인다. 씨티그룹 보 고서를 보면 그 심각성을 알 수 있다. 2008년 1분기부터 2015년 1 분기까지 글로벌 민간부채를 추적한 이 보고서에 따르면, 부채규모 가 줄어든 국가는 영국과 미국 등 극소수에 불과하다. 중국과 홍콩은 국내총생산GDP 대비 80에서 100% 이상 부채가 늘었다. 2015년에 불어 닥친 중국 경제의 경착륙 위험이 괜한 기우가 아님을 알려주는 징후라 할 수 있다.

사실, 과도한 부채를 염려하는 보고서는 심심치 않게 발표되고 있다. 국제결제은행이 2015년 1월에 발표한 보고서 역시 부채 경고를 담고 있다. 〈글로벌 달러 크레디트Global dollar credit〉란 제목의 이 보고서를 보면 세계는 미국으로부터 2014년 중반까지 달러 표시 부채를 9조 달러 정도 빌렸다. 이는 2000년의 2조 달러와 비교하면 엄청난 수준이다.

미 연방준비제도연준의 제로금리와 양적완화로 풍족해진 달러는 아시아와 라틴아메리카 기업들을 유혹했다. 이전에는 거의 불가능한 실질금리 약 1%란 저금리로 말이다. 문제는 그때부터 시작됐다.

동 보고서는 연준 기조가 변한다는 사실에 주목하고 있다. 긴축이 몰고 올 후폭풍을 경고한다. 다시 말해, 연준이 금리를 올리는 순간 그동안 저금리로 빌렸던 부채가 올가미로 작용한다는 것이다. 성장률이 금리 오르는 속도 이상이 돼야만 부채를 갚아나갈 수 있다. 한데, 그것이 현실적으로 가능할까? 불가능하다고 보는 게 합리적이다.

부채의 덫에 걸린 일본의 민낯

과도한 부채는 왜 위험할까? 부채가 자칫 국가까지도 침몰시킬 수 있기 때문이다. 세계 최대 채무국인 일본을 보자. 준기축통화국이며 자신에게 빚을 졌기에 디폴트채무불이행는 면했다. 하지만 일본은 지난 25년 동안 성장 없는 세월을 보내야 했다. 양적완화까지 불사했지만, 결과는 마찬가지였다. 일본을 보면 과다한 부채를 안은 국가가 어떤 식으로 진창 속에 빠져들어 가는지 알 수 있다.

일본은 국내총생산GDP의 250%에 달하는 부채를 안고 있다. 세계 최고 부채국가다. 이를 가능하게 한 이유는 국채의 95% 이상을 자국민이 기꺼이 사줬기 때문이다. 일본보다 더욱 '자기 자신에게' 빚을 진 국가는 없다. 문제는 일본이 정부부채를 화폐화하지 않으면 이를 상환할 수 없는 불안한 상태에 있다는 점이다. 다시 말해, 일본은 중앙은행 발권력에 의지해 기존 만기채권을 사들여야 하는 상태에 맞닥뜨렸다. 다행히(?) 일본이 진 부채는 스스로 빚진 것이니 상환조건을 바꾸거나 중단해도 큰 문제를 일으키지는 않는다. 2012년 일본 총리로 취임한 아베는 기실 선택의 여지가 없었다고 보는 게 맞다.

아베는 두 개의 치명적 대안디플레이션에 의한 붕괴, 정부부채의 적극적 화폐화를 통한 인플레이션 유발 중 하나를 선택할 수밖에 없었다. 물론 아베는 부채의 화폐화를 선택했다. 이는 크루그먼이나 버냉키와 같은 엘리트 경제학자가 추천한 방식이다. 겉포장은 양적완화로 했다. 하지만 누구도 사기를 두려워하는 부채를 돈을 찍어내 자기 자신이 산다. 이것이 일본 양적완화의 실체다.

그렇다면 일본의 양적완화는 제대로 작동했나? 그리고 그 목적이랄 수 있는 인플레이션은 발생했나? 누구도 자신 있게 '그렇다'라고 말하지 못한다. 일본의 인플레이션은 2015년 2월 연율로 2.2%를 기록해 2014년 4월 이래 최저치를 기록했다. 2월에 발표된 다른 데이터도 가계소비가 주춤하고 있음을 보여준다. 물론 인플레이션 발생 여부와는 별개로 일본 경제는 지난 25년에 비하면 훨씬 양호한 모습을 보이는 게 사실이다.

한편 일본 정부는 2% 인플레이션과 2% 실질성장이 절대적으로 필요한 상황이다. 그래야만 일본 정부가 자기 부채를 무리 없이 처리할 수 있다. 실패한다면, 전과는 비교할 수 없이 커진 부채를 다시 화폐화해야 한다. 결국, 일본은 디폴트로 가든지 엔화를 급격히 절하시키든지 하는 최악의 선택을 할 수밖에 없게 된다.

그런데 일본은 현시점에서 목표치를 달성하기 어렵다. 일부에서는 성급하게 일본의 양적완화가 성공적이라 자축하지만 일본 국민 처지에서는 결코 아니다. 엔 환율은 2012년 달러당 약 80엔 정도 했다. 2015년 6월 말 120엔 정도로 떨어졌다. 3년도 안 돼 50%나 절하됐다. 엔의 구매력도 그만큼 떨어졌다고 봐야 한다. 이걸 성공이라 말할 수 있을까? 진실은 일본 정부가 과잉 부채로 빚어진 25년의 고통을 저축한 사람들과 은퇴자에게 떠넘기고 있다는 것이다.

엔은 추가적인 부채 화폐화로 또다시 50% 정도 하락할 수 있다. 이는 일본 국민들 삶이 그만큼 고달파진다는 의미다. 엔 약세로 한국으로 여행 오는 일본 관광객 수도 현저히 줄었다. 엔 절하 폭만큼 일본 국민의 삶도 팍팍해지는 것이다.

일본은 자국민 삶의 질을 희생해 국가 부흥을 꾀하고 있다. 거칠게 표현하면 자국민 호주머니를 털어 국가와 소수 기득권의 삶을 지켜나가고 있다. 이런 상황을 일본 국민이 언제까지 참아낼 수 있을지가 의문이다.

통화정책 변화로 닥치게 될 후폭풍

통화정책에도 사이클이 존재한다. 금리는 오르내림을 반복한다. 경기 순환은 금리 순환을 만든다. 어떤 국가도 금리를 영원히 고정할 수 없다. 그렇게 하고 싶어도 못한다. 경기가 순환하기 마련이라서다. 무엇보다 특정 국가 경기는 독립변수가 아니다. 특정 국가 경기는 타 국과의 관계로 결정된다. 무역과 세계화 정도가 강해지면서 더욱 두드러지는 현상이다.

세계화로 각국 경기는 서로 밀접하게 연결돼 있다. 선진 강대국이 경기가 좋으면 나머지 국가들 경기도 호전되는 게 일반적이다. 반대로, 선진 강대국이 경기가 나쁘면 나머지 국가들 경기도 악화한다. 특정한 나라 경기가 독립변수가 아니듯 특정한 나라 금리도 마찬가지다. 내리고 싶어도 혹은 올리고 싶어도 다른 국가의 금리 동향에 보조를 맞춰야 하는 게 오늘날 상황이다.

그중에서도 미국 금리는 다른 나라의 금리 결정에 결정적인 영향을 미친다. 미국 화폐인 달러가 기축통화인 까닭이다. 이 책을 쓰는 2015년 6월, 세계는 미국 연방준비제도이사회의 행보에 촉각을 곤두세웠다. 금리를 언제 인상할 것인지에 관한 관심이다. 분명한 것은 미국의 통화정책 사이클에 변화가 임박했다는 사실이다. 이는 연준 의사록을 보면 한층 분명해진다. 의사록은 "강 달러가 미국으로 자본 유입액을 늘려 장기금리를 떨어뜨릴 것이다. 이는 자연스레 완화적 통화정책 효과를 낼 것"이라고 적시하고 있다. 미국 입장에서는 금리를 올려도 국외로부터의 달러 유입이 강화돼 자연스레 유동성이 풍부해질 것이니 통화축소 정책 즉, 금리를 올려도 문제 될 것이 없다는 얘기다.

하지만 미국 금리 인상은 다른 국가 특히, 신흥국 입장에서는 재앙이나 다름없다. 금융위기 이후 달러 신용이 타국으로 집중됐기 때문이다. 2015년 1월 국제결제은행은 이에 관한 보고서를 발표했다. 주요 내용은 다음과 같다.

금융위기 이후 미국의 은행과 채권투자자들은 엄청난 액수의 달러 신용을 미국 외부의 비은행차입자에게 공급했다. 2008년 연준이 대규모 채권 매입양적완화을 발표한 뒤, 투자자들은 억압된 미 장기국채 금리에서 벗어나 미국 이외의 국가에서 발행된 고수익 달러 표시채권을 샀다. 신용제공액은 금융위기 직전 6조 달러에서 2014년 중반 약 9조 달러로 증가했다. 엄청난 액수다. 미국을 제외한 전체 국가 국내총생산GDP를 합친 금액의 13%에 달한다. 달러 신용액은 유로와 엔의 그것을 능가한다. 유로는 2.5조 달러, 엔은 0.6조 달러에 불과하다. 더욱이, 유로 신용은 유로존 지역에 집중됐다. 이를 고려할 때 달러 신용이 얼마나 엄청나게 공급되었나를 알 수 있다

이코노미스트지가 IMF국제통화기금 자료를 근거로 미 달러의 대외 신용액 추이를 분석한 자료를 보면 금융위기 이후 달러 신용이 폭증하고 있다. 문제는 이 같은 달러 신용 확대가 자칫 금융 안정성을 해

칠 수 있다는 데 있다. IMF는 이런 사실에 근거해서 2015년 4월에 발표된 〈글로벌 금융안정성 보고서〉에서 '시장은 급작스러운 유동성 증발과 변동성 폭발이란 이벤트에 매우 민감하게 반응할 수 있다.'고 경고했다. 다른 말로, 자산시장이 급락할 수 있다는 것이다.

지난 10년 동안 이어진 초저금리 기조로 신흥국은 미 달러를 과도하게 빌렸다. 문제다. 달러가 강해질수록 신흥국이 달러 부채를 상환하는 일은 더욱 어려워진다. 더 큰 액수의 자국 통화가 필요하기 때문이다.

2015년 3월 15일 IMF는 많은 신흥국에서 금융 리스크가 증가했으며 달러 강세 현상으로 달러 채무를 진 신흥국 기업들과 정부가 매우 힘든 상황에 부닥치게 될 것이라고 경고했다. 누구도 어느 국가도 부채 폭증으로 인한 고통을 피해갈 수 없다. 실제로 2015년 하반기부터 주식시장을 포함한 자산시장은 서서히 파열음을 내기 시작하고 있다. 동시에 신흥국들은 빠져나가는 국외 자본으로 비롯된 심각한 자국 통화의 평가절하에 시달리고 있다.

팽창적 통화정책이 엘리트들에겐 공짜로 보이는 모양이다. 하나, 세상에 공짜는 없다. 팽창적 통화정책 역시 대가를 치러야 한다. 문제는 그걸 누가 부담하느냐다. 우리가 오늘 목격하는 전례 없는 금융억압은 열심히 저축한 사람들과 은퇴자의 희생을 요구하고 있다. 몇십 년을 열심히 일해 모은 재산 가치를 인위적으로 낮추고 있다. 동시에 특정 국가를 위협한다. 저금리 시대에 밀려 들어온 돈이 일시에 빠져나가면 기초가 허약한 국가는 타격을 받을 수밖에 없다. 2015년

9월 말, 브라질을 비롯한 동남아 일부 국가가 이런 비참한 현실을 맞았다.

엘리트 경제학은 공짜나 다름없는 부채로 쌓은 성장이란 이름의 성에 감탄한다. 하나, 그 성은 대중의 피와 땀의 결정체일 뿐이다. 값싼 과잉 부채 시대가 남길 후폭풍이 두렵다.

유동성 역설과
채권시장 발작

세계 최대 자산운용사 블랙록은 미국의 기준금리 인상이 유동성 증발을 촉발해 글로벌 금융시장을 전율시킬 수 있다고 경고했다. 11일현지시각 영국 텔레그라프에 따르면 러스 코스테리치 블랙록 수석 투자전략가는 이날 미국 연방준비제도이사회FRB의 금리 인상이 몰고 올 충격이 예상보다 클 것이라고 밝혔다. 그는 FRB가 매우 부드러운 통화 긴축을 통해 2013년의 '긴축짜증'taper tantrum처럼 시장을 뒤흔들지 않을 것이라는 게 대체적인 전망이지만 실제로는 그렇지 않을 것으로 내다봤다. 지난해 10월 미국 금융시장이 순간 폭락flash crash한 것은 FRB가 기준금리를 인상하면 일부 투자자들이 순식간에 무일푼이 될 수 있다는 일종의 경고신호였다는 지적이다.

'긴축짜증'은 2013년 중반 벤 버냉키 당시 FRB 의장이 양적완화자산매입 규모를 줄이는 테이퍼링 가능성을 내비치면서 글로벌 금융시장이 치른

홍역을 뜻한다. FRB의 통화 긴축이 저금리 달러 자금의 이탈을 촉발할 것이라는 우려로 신흥시장은 주식, 채권, 통화 가치가 동반 하락하는 트리플 약세를 겪었다.

■ 머니투데이. 2015. 04. 13.

(위 기사에선 'tantrum'을 '짜증'이라 번역했으나 나는 '발작'이라 번역하는 게 상황을 설명하는데 더 적당하다고 믿는다.)

'발작'이란 병이나 증상이 갑자기 일어남을 말한다. 이는 시장에서도 발생한다. 추세를 형성하며 순조롭게 진행하던 시장이 방향을 잃고 갑자기 흔들리는 경우다.

2013년에 발생한 이른바 '긴축발작taper tantrum'을 떠올리면 이해가 쉽다. 당시 벤 버냉키 미 연준 의장이 처음으로 양적완화 종료를 선언하자 신흥국에서 통화 가치와 증시가 급락했다. 마치 발작을 하듯 말이다. 그런데 알고 보면 금융시장은 이런 발작 증상을 자주 보였다.

왜 이런 일이 발생하는 걸까? 외부 충격에 의한 유동성 역설liquidity paradox 때문이다. 이 용어는 전체 시스템에선 돈이 남아도는데 특정 하부 시스템에선 돈이 모자란 현상을 통칭한다. 중앙은행이 유동성을 늘리는데도 금융시장에선 돈이 말라붙을 때도 이 용어를 쓴다. 이런 현상은 2008년 금융위기 이후 더 자주 발생하고 있다.

쉽게 이해가 가지 않는다. 전체 시스템에는 돈이 풍부한데 특정 하부 시스템에는 돈이 고갈되는 이유는 대체 뭘까? 그것은 돈이 한쪽으로만 쏠리고 있기 때문이다. 2008년 이후 금융시장에서는 이런 일이 일상이 됐다. 미국, 일본, 유로존의 중앙은행이 공급한 초저금리의 유동성은 캐리트레이드 저금리로 자금을 차입해 상품이나 주식 등에 투자하는 기법. 여기서는 저금리 국가의 자금을 빌려(캐리) 고금리 국가의 자산에 투자하는(트레이드) 것을 뜻함를 불렀다.

투자자들은 달러, 엔, 유로를 빌려 거의 같은 시기에 거의 비슷한 거래로 몰려들었다. 이는 지난 수년 동안 지속했다. 그 결과, 글로벌 채권 그리고 주식시장은 유례없는 강세를 보였다. 무리에서 뒤처지지 않으려고 다른 사람을 따라 하는 과정에서 나타나는 '양 떼 효과 herding effect'를 보인 것이다. 너도나도 똑같은 자산에 투자했다.

캐리트레이드는 안정적인 상황일 때는 시장 추세를 강화하며 변동성을 극도로 낮춘다. 하지만 상황이 역전되면 시장을 급격한 조정으로 내모는 주범이 된다. 시장 유동성은 매수자와 매도자 모두가 풍부할 때 보장된다. 일방적인 세력만이 존재하면 시장 유동성은 급락할 수밖에 없다. 모두가 사다가 일순간 팔아대기 시작하면 시장은 매수자가 거의 없는 진공 상태가 된다. 유동성이 일시에 증발하는 것이다. 이때 시장은 급격히 방향을 틀며 깊은 하락을 보이게 된다. 이른바 발작 증상을 보이는 것이다.

지난 몇 년, 유동성을 공급한 건 중앙은행이었다. 기업이나 경제의 펀더멘털이 아니었다. 그 덕에 시장은 폭등했다. 유동성 또한 겉으론 매우 풍부한 것처럼 보였다. 하지만 시장은 불행히도 한 방향만을 바라보게 됐다. 모두가 중앙은행 특히, 연준 등 선진국 중앙은행만을 보는 것이다. 이 때문에 연준 의장이 던지는 한마디에 글로벌 금융시장은 출렁거릴 수밖에 없다. 돈은 많지만 진정한 의미의 유동성은 결여한 시장, 그것이 바로 오늘날 글로벌 금융시장이다.

거품화한 채권시장

그렇다면 발작이 가장 크게 발생할 금융시장은 어디일까? 아무래도 거품이 가장 심한 곳일 텐데, 바로 채권시장이다. 부채시장에서 거품은 상상을 초월한다. 2008년 이후 세계 주요 중앙은행은 지속해서 제로 금리를 시행해오고 있다. 이는 자연스레 글로벌 금리를 하락으로 몰고 갔다. 돈 빌리라고 권하는 세상이 된 것이다. 아무리 신용도가 형편없어도 과거엔 생각조차 할 수 없었던 낮은 금리로 쉽게 돈을 빌릴 수 있는 세상이 됐다.

이런 초저금리 여파로 유로존의 문제아로 불리던 스페인과 이탈리아 국채 10년물이 2015년 7월 말 겨우 연 1.9%, 2.0%대 금리로 거래되고 있다. 외환위기를 경험한 멕시코조차 만기가 무려 100년인 채권을 4.2% 금리로 15억 유로나 발행했다.

회사채 시장은 더욱 심각하다. 만기가 30년 이상인 장기채가 날개 돋친 듯 팔렸다. 오라클은 2055년이 만기인 채권을 12억 달러가량, 마이크로소프트사는 약 22억 달러가량 발행했다. 이자는 각각 4.375%와 4%였다. 블룸버그에 따르면 2015년 4월 말까지, 미국 기업들은 만기가 30년 이상이 되는 회사채를 390억 달러나 발행했다. 2014년 같은 기간 대비 무려 5배나 되는 엄청난 금액이다. 미국 기업들이 2015년 들어 발행한 총 채권발행액은 4월까지 6,270억 달러다. 불과 4개월 치 발행액이다. 2014년 발행액은 1.57조 달러로 사상 최대였다. 하나, 이 기록은 현 추세가 이어진다면 2015년에 깨진다.

신흥국 채권시장 역시 거품이 만만치 않다. 이는 금융위기 이후 미 달러 신용이 어떤 식으로 움직였는지를 살펴보면 쉽게 이해가 간다. 2015년 1월 IMF에서 발표한 보고서 〈Global dollar credit〉은 달러 신용이 세계 시장에 얼마나 풀렸나를 분석한 것이다. 다음 그림이 '미국 외부로 공급된 미 달러 신용액'이다. 금융기관에 대한 신용은 제외했다.

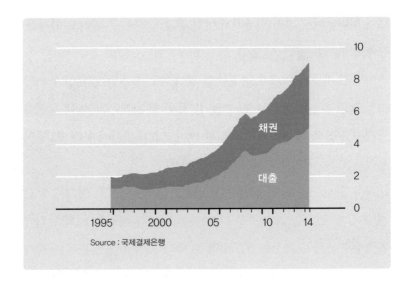

금융위기 이래 미국 은행과 채권투자자들은 엄청난 액수의 달러 신용을 미국 외부의 비은행 차입자에게 공급했다. 연준이 2008년 대규모 채권 구매양적완화를 발표한 이후, 투자자들은 억압된 미 장기 국채 금리에서 벗어나 미국 이외의 국가에서 발행한 고수익 달러 표시 채권을 샀다. 신용 제공액은 금융위기 직전 6조 달러에서 2014년 중반 약 9조 달러로 증가했다. 미국을 제외한 전체 국가 국내총생산 GDP의 13%에 달한다.

달러 신용은 유로와 엔을 능가한다. 유로는 2.5조 달러, 엔은 0.6조 달러 정도에 불과했다. 더욱이, 유로 신용은 유로 지역에 집중돼 있음을 고려할 때 달러 신용이 얼마나 광범위하게 공급되었나를 알 수 있다. 아래 그림은 달러 신용이 자국보다는 국경을 넘어 국외에 집중되었음을 보여준다.

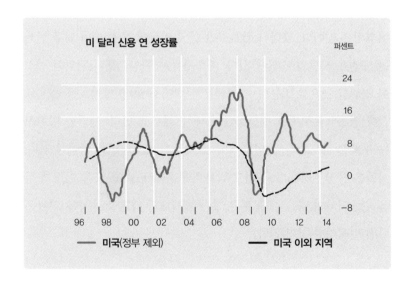

위 그림에서 보듯, 글로벌 금융위기 이래 미국 민간부문에 대한 신용은 2010년부터 조금씩 늘었는데 비미국 민간부문에 대한 신용은 2009년 이래 두 자릿수 비율로 증가했음을 알 수 있다.

소설 같은 일들이 현실이 되고 있다. 한 세대를 훌쩍 뛰어넘는 세월이 지나서야 만기가 도래하는 30년, 50년, 100년짜리 채권들이 팔리고 있다. 그 긴 세월 동안 어떤 리스크가 있을지 아무도 모른다. 엄청난 인플레이션이 닥치거나 금리가 로켓처럼 치솟을 수도 있다. 전쟁이나 천재지변도 얼마든지 일어날 수 있다. 기업이 망할 수도 특정 국가가 디폴트를 선언할 수도 있다. 한마디로 보유 채권이 휴지가 될 수 있다. 그런데도 투자자들은 불빛을 찾아 몰려드는 부나방처럼 채권을 사대고 있다. 돈을 굴릴 마땅한 방법이 없기 때문이다. 중앙은행은 금리를 제로 상태로 끌어내렸다. 실물경제엔 마땅히 투자할 곳이 없다. 원자재를 포함한 상품시장도 약세니 현물에 투자하는 것도 어리석은 짓이다. 그러니 쥐꼬리만 한 수익률에 목을 매며 몇십 년짜리 채권을 사들일 수밖에 없다. 매수자들은 중앙은행의 인위적 개입이 영원할 것으로 믿는다. 어리석은 선택이 아닐 수 없다.

그 틈을 타 똑똑한 매도자들만 배를 채우고 있다. 채권을 발행하는 주체는 매도자다. 기업도 정부도 모두가 매도자임을 알아야 한다. 이들은 중앙은행을 등에 업고 탐욕스레 돈을 빌리고 있다. 어떻게 갚을지는 어차피 다음 세대 혹은 그다음 세대가 걱정할 몫이다. 지금은 그저 빌리기만 하면 된다.

신흥국이 문제다

IMF가 말한 '유동성 증발'은 미국의 금리 인상이 기폭제가 될 것이다. 금리가 오르면 자산시장은 타격을 받기 마련이다. 문제는 신흥국이다. 기축통화국의 자산시장도 영향을 받겠지만, 신흥국 시장은 자칫 위기에 부닥칠 수 있다. 더 크게는 은행위기, 통화위기, 국가 디폴트로 몰릴 수 있다.

단순한 추측이 아니다. 이에 관한 연구결과가 있다. 국제금융협회 IIF, Institute of International Finance가 2015년 1월 발표한 〈신흥시장으로의 자금 흐름Capital Flows to Emerging Markets〉이란 보고서다. 연준 정책이 긴축으로 돌아서기 시작하면 신흥국 위기가 발발했다. 가장 악명 높은 1981~1982, 1980년대 말 그리고 정도는 덜했지만 1990년대 중반 신흥국은 미국의 긴축 기조에 위기를 겪어야 했다.

미국 연준의 금리 인상은 신흥국 위기를 불러왔다. 연준의 금리 인상 가능성이 커지는 것만으로도 신흥국은 어려움을 겪었다. 2013년에도 '긴축발작Taper Tantrum'이 발생했다. 당시 연준은 양적완화 규모를 축소하는 '테이퍼링'을 암시했다. 그 때문에 신흥국들은 자산시장이 급락하는 끔찍한 경험을 했다.

특히 신흥국 국채는 시간이 흐르면서 연준 출구전략으로 받는 부정적 영향이 증가하는 것으로 보인다. 연준이 금리를 인상한 다음 해에 국가 디폴트 빈도가 가장 높았다. 한편, 연준의 금리 인상 충격은 그 속도가 시장 예상보다 빠르게 진행될 때 더 컸다. 이는 은행위기를 불러왔다. 신흥국 위기 빈도는 미국의 정책금리가 추세선보다 위에 있을 때 더 커졌다.

결론적으로, 이 분석은 2015년과 2016년에 신흥시장 리스크가 높아질 수 있다는 것을 암시한다. 이 모델에 따르면 2015년엔 3가지 위기가 발생할 것으로 보인다. 이에 더해, 동 협회는 연준 정책금리가 2015년과 2016년에 총 1% 포인트 오를 것으로 본다. 상당히 큰 폭이다. 이에 따라 신흥국 위기는 불가피할 것으로 전망하고 있다.

지난 10년 동안 이어진 초저금리 기조로 신흥국은 미 달러를 과도하게 빌렸다. 여기서 문제가 생겼다. 달러가 강해질수록 신흥국이 달러 부채를 상환하는 일은 더욱 어려워진다. 더 큰 액수의 자국 통화가 필요한 탓이다. 2015년 3월 15일 IMF는 많은 신흥국에서 금융 리스크가 증가했으며 달러 강세 현상으로 달러 채무를 진 신흥국 기업들과 정부가 매우 힘든 상황에 부닥칠 것이라고 경고했다.

실제로 원·달러 환율도 2015년 7월 말 기준으로 지난 1년 동안 지속해서 오르고 있다. 2014년 8월 말 달러당 1,000원 정도였던 환율은 2015년 7월 말 현재 1,160원을 웃돈다. 약 1년 만에 16%가 오른 것이다. 원화 가치가 그만큼 떨어졌다는 소리다.

시작된 채권시장 발작

문제는 이 같은 신용 확대 특히, 달러 신용 확대가 자칫 금융안정성을 해칠 수 있다는 것이다. IMF는 이런 사실에 근거에 2015년 4월에 발표한 〈글로벌 금융안정성 보고서〉에서 "시장은 급작스러운 유동성 증발과 변동성 폭발이란 이벤트에 매우 민감하게 반응할 수 있다."고 경고했다. 세계 금융시장은 미국 금리에서 자유로울 수 없다. 그런 면에서 달러 신용의 무차별적 확대는 금리 인상 시기엔 핵폭탄과 같은 폭발력을 가진다.

채권시장은 이미 흔들리고 있다. 각국 국채금리가 오르고, 회사채금리는 심상치 않은 움직임을 보이고 있다. 특히, 신흥국 채권시장은 이미 매도 흐름이 강하게 감지되고 있다. 2015년 들어 신흥국 회사채 시장에서 글로벌 자금유출이 잇따르고 있다. 설상가상, 미국이 기준금리를 인상하면 신흥국 회사채 투매 사태까지도 우려된다.

시장조사 기관인 EPFR 글로벌에 따르면 2015년 들어 3월까지 신흥국 회사채투자펀드에서 5억5,600만 달러가 유출됐다. 기축통화국 투자자들이 발을 빼고 있다. 달러 강세와 신흥국 경기둔화가 빌미다. 그 여파로 2014년 말부터 신흥국 회사채 가격이 급락하고 있다. 연준의 금리 인상은 달러 강세를 더욱 심화할 것이 분명하다. 그만큼 신흥국 기업들은 달러 부채 상환에 어려움을 겪을 수밖에 없다. 신흥국 회사채 시장의 폭락은 피할 수 없다. 그것이 채권시장 전반의 위기, 은행위기 더 나아가 국가 디폴트 위기로 번질 개연성이 점차 높아지고 있다.

일부 채권시장 전문가들은 연준이 금리를 올리더라도 채권을 보유해야 한다고 말한다. 하지만 금융시장의 역사는 이를 부정한다. 급리 인상이 이루어지면 고수익채권을 포함한 신흥국 채권과 미 국채 10년물 금리 차는 벌어지기 시작했다. 100% 그랬다. 2004년 금리 인상 사이클 당시도 마찬가지였다. 고수익채권과 미 국채 10년물과의 스프레드는 300bp에서 1,900bp까지 치솟았다. 무려 금리가 6배 이상 오른 것이다. 다른 말로 하면, 채권 가격이 그 정도 급락했다는 얘기다. 채권보유자들은 엄청난 손실을 봐야 했다.

재닛 옐런 미 연준 의장도 2015년 5월 초에 금융시장의 고평가 위험성을 경고하고 나섰다. 특히 채권시장에 리스크가 존재한다고 지적했다. 그녀만이 아니다. 워런 버핏은 CNBC에 출연해 "만약 내가 20~30년 채권을 위험 부담 없이 편하게 팔 수 있다면 나는 그렇게 하겠다."고 말했다. 이 발언들이 의미하는 바는 명확하다. 한 명은 유동성을 공급한 쪽, 다른 쪽은 현명한 투자자를 대표한다. 공급한 쪽이나 그것을 받아 현명하게 투자한 쪽 모두가 채권에서 빠져나오라고 경고를 보내고 있다.

하나, 이들 경고는 이미 시점을 놓쳤다. 연준은 일종의 경고성 포워드 가이던스forward guidance를 통해 금리 인상 시에 발생할 충격을 조금이라도 줄이려 애쓰고 있다. 하지만 시장은 경고만으로도 벌써 '발작' 증상을 보이고 있다. 이런 상황에서 본격적인 금리 인상이 이뤄지면 어찌 될까? 중앙은행은 점진적인 '정상화'를 낙관하지만, 그것은 불가능하다.

시장은 중앙은행의 힘에만 의지해 성장했다. 거의 모든 투자자의 눈이 중앙은행 입만 바라보고 있다. 모두가 같은 곳을 바라보는 세상은 위험하다. 시장 역시 마찬가지다. 오늘날 금융시장은 유동성의 바다처럼 보인다. 하지만 순식간에 유동성이 모두 증발한 사막으로 변할 가능성이 크다. 바로 IMF가 말하는 '유동성 증발'이다. 채권시장의 폭발은 불가피하며 그것은 전체 금융시장 발작의 신호탄이 될 것이다. 기폭제는 당연히 미국의 금리 인상이다.

미국 상무부는 2015년 7월 30일, 2분기 국내총생산 성장률 예비치를 발표했다. 연율로 2.3%다. 이 정도면 선진국 중에서는 거의 최고 수준이다. 대체 미국의 이런 성장세는 무엇으로 가능했을까? 수많은 이유가 있겠으나, 기축통화의 힘이 가장 클 것이다. 미국은 금융위기 이후 양적완화란 이름으로 달러를 마음껏 찍어 세계에 공급했다. 물론 거의 공짜다. 또한, 누구 동의도 필요 없는 절대 권력이다. 이렇게 발행된 달러는 세계를 돌며 마음껏 자본이득을 챙겼다. 이 덕분에 거의 망해가던 미국 금융기관들이 기사회생했다. 미국의 슈퍼파워는 바로 기축통화에서 기원한다. 금융위기로 세계는 이를 다시 한 번 확인했다.

반면, 신흥국은 이제부터가 문제다. 세계로 확산한 달러가 이제 미국으로 돌아갈 준비를 하고 있다. 달러 유입에 환호를 보내던 국가들은 이제부터 다시 달러 부족을 염려하며 고통에 시달려야 한다.

세상은 불공평하다. 어떤 국가는 돈을 마음껏 찍어낼 수 있는데, 다른 국가는 그렇게 하지 못한다. 강대국들은 찍어낸 돈을 이용해 마음껏 자본 이득을 챙긴다. 반면, 힘이 약한 국가들은 그렇게 하다간 하이퍼인플레이션을 맞을 수 있다. 달러 패권 혹은 강대국 기축통화 패권에 대한 대안을 마련하지 못한다면 이런 국가 간 불공정한 게임은 영원할 수밖에 없다.

세계가 좀 더 공정한 규칙으로 경쟁하려면 첫 번째로 수술해야 할 것이 바로 현재 기축통화 시스템이다. 기축통화는 특정 국가의 통화가 아닌 제3의 통화가 돼야 한다. 그래야 특정 국가가 발권력을 이용해 별다른 노력 없이 타국의 부를 강탈해 가는 것을 막을 수 있다.

통화정책은
종말을
고하는가

국제통화기금의 크리스틴 라가르드 총재가 세계 경제 성장률이 당초 예상보다 약할 것으로 보인다고 전망했다. 1일^{현지시각} 로이터는 크리스틴 라가르드 총재가 인도네시아 자카르타에서 가진 강연에서 "세계 경제 확장 전망이 두 달 전 예측치보다 나빠졌다"면서 "선진국 경제 회복세가 예상보다 약한 데다, 남아메리카를 포함한 신흥국들의 경제가 둔화하고 있기 때문"이라고 말했다고 전했다. 지난 7월 IMF는 올해 세계 경제 성장률 전망치를 3.3%로 제시한 바 있다. 지난해 경제 성장률 3.4%를 밑도는 수준이다.

▪ 조선비즈 2015. 09. 02.

세계 경제가 좀처럼 잠에서 깨어나지 못하고 있다. 우린 의문을 가질 수밖에 없다. 과연 현대경제의 최고 발명품이라는 통화정책은 작동하는 것일까? 2008년 금융위기 이후 중앙은행들은 인류가 창조해 낸 모든 통화정책을 사용해 위기를 극복하려 애를 썼다. 명목금리를 '제로'에 고정한 것도 모자라 시중 채권을 직접 매수하는 '양적완화'까지 동원했다. 가용할 수 있는 모든 통화정책 수단을 쓴 것이다. 하지만 그 효과는 의문이다. 세계 경제엔 여전히 먹구름이 가득하다.

중앙은행이 지난 몇 년간 한 일이라곤 '만병통치'라 주장했던 완화적 통화정책의 한계를 확인하는 것뿐이었다. 이 정도면 비록 선언적이지만 '통화정책의 종말'을 논하는 게 그리 과장된 표현은 아닐 것이다. 효율적이고 생산적인 통화정책은 이제 옛날 옛적 얘기일 뿐이다. 통화정책은 더는 인류의 경제적 난관을 해결할 같은 마법 같은 치유제가 아니다. 인류는 이제 새로운 '처방'을 고민해야 한다.

세계 경제의 오늘

선진국에서 모든 자산 클래스는 저금리와 연이은 양적완화에 긍정적으로 반응했다. 주식시장은 폭등했고 부동산 시장도 다시 깨어났다. 미국의 금리 인상과 중국의 경착륙 우려로 글로벌 자산시장이 조정을 받고 있긴 하지만 금융위기 이후 글로벌 주식시장은 현기증이 날 정도로 폭등했다. 선진국 시장 23개와 신흥국 시장 23개를 한눈에 볼 수 있는 지표MSCI AC World Index가 있다. 글로벌 주식시장 전체를 표현한 것으로 이해하면 되는데 2009년 초부터 수직 상승을 시작했다.

중앙은행은 지난 몇 년, 저금리는 영원할 것이며 새로운 돈은 끊임없이 공급될 거란 믿음을 시장에 심어주었다. 그 덕에 자산시장은 환호했고 신용은 풍부해졌다. 가계와 기업은 과거엔 상상할 수 없었던 조건으로 돈을 빌릴 수 있게 됐다. 돈에 대한 접근이 이처럼 쉬운 세상은 인류 역사에 없었다. 하지만 그렇게 많은 돈에도 불구하고 누구도 미래를 장담할 수 없는 형국이 찾아왔다. 통화정책이 작동하지 않는 것이다.

화폐 현상인 인플레이션마저 발생하지 않고 있다. 야데니사Yardeni Research가 밝힌 주요 중앙은행의 자산 현황을 보면연준, 유럽중앙은행, 영란은행, 일본은행, 중국 인민은행의 자산을 합한 것이다 2007년 이래 주요 선진국 중앙은행의 대차대조표는 약 7~8조 달러 팽창했다. 그런데 인플레이션은 바닥을 기고 있다. 기막힌 일이다.

세계를 둘러보자.다음 데이터는 특별한 경우가 아니면 모두 2015년 8월 말 기준이다 유로존은 인플레이션율이 0.2%다. 1991년부터 2015년 7월까지 평균이 2.09%다. 유럽중앙은행에서 공급한 돈이 인플레이션을 전혀 유발하지 못하고 있다. 범위를 유럽연합 전체로 넓혀도 마찬가지다. 7월 말에 0.10%다. 1997년부터 2015년 7월 말까지 평균은 2.69%였다.

부채 거품에 휩싸인 중국은 인플레이션율이 7월 말 기준으로 1.6%다. 1986년부터 2015년 7월까지 평균은 5.58%였다. 수십 년 동안 높은 인플레이션을 겪은 멕시코도 2015년 7월 2.74%에 불과하다. 1974년에서 2015년 7월까지 평균은 26.38%였다. 브릭스 BRICs와 기타 주요 신흥국을 포함한 세계 주요 경제국 중 두 자릿수 인플레이션을 기록하는 국가는 전혀 없다.

일본은 2014년에만 해도 이례적인 행보를 보였다. 아베노믹스와 소비세 인상 여파로 3% 이상의 인플레이션을 보이기도 했다. 하지만 이는 일시적 현상이었다. 2014년 3월 소비세를 3% 올린 영향이다. 세금 인상 효과를 제거하면, 인플레이션은 사상 유례가 없는 통화팽창에도 1% 정도에 불과하다. 이 1%도 지속적인 통화 절하에 기인했다고 보는 게 합당하다. 그 결과 2015년 7월 인플레이션은 0.2%에 불과하다. 1958년부터 2015년 7월까지 평균 인플레이션은 3.14%였다. 미국은 인플레이션율이 2015년 7월 0.20%였다. 1914년에서 2015년 7월 말까지 평균 인플레이션은 3.32%였다.

세계 전체가 디플레이션 공포에 휩싸였다. 당분간 이 추세일 것이라는 데 이견이 없다. 곤두박질한 에너지 가격이 예전 수준으로 오르는 데까지는 생각보다 오랜 시간이 필요하기 때문이다.

피부은 돈이 정상적으로 기능하지 않고 있다. 인플레이션은 화폐 현상이다. 화폐 공급이 늘어나는 게 곧 인플레이션이다. 그런데 자산시장에서만 인플레이션이 폭발할 뿐, 실물경제에서는 여전히 디플레이션 상황이다. 통화정책이 정상적으로 가동하지 않고 있다는 증거다. 통화정책으로 풀린 그 막대한 돈이 자산시장으로 향할 뿐 실물경제로는 좀처럼 흐르지 않고 있다는 얘기다. 세계 경제 성장률을 보면 이를 알 수 있다.

선진국 상황은 그야말로 초라하다. 유럽연합은 2014~2015년 목표 달성이 거의 불가능하다. 2015년 2분기 연 성장률은 전년도 대비 1.6% 성장했을 뿐이다. 유로존은 회복되고 있다고는 하나 겨우 1.2% 성장했다. 일본은 또 어떤가? 마이너스 성장했다. 1.6%나 뒤로 후퇴했다. 그 와중에 영국과 미국이 선전했다. 영국이 2.6%, 미국이 2.7% 성장했다. 선진국 중 확실히 침체를 벗어났다고 주장할 수 있는 건 미국과 영국 정도에 불과하다. 선진국 중 자신들 평균성장률 이상을 달성한 국가는 그리 많지 않다. 겨우 독일과 영국 정도다. 참고로 독일 연평균 성장률은1992년에서 2015년 6월 말까지 1.32%다. 독일의 2015년 2분기 성장률은 1.6%였다. 또, 영국의 연평균성장률1956년에서 2015년 6월 말까지은 2.46%였다.

신흥국이라 해도 별반 다르지 않다. 지난 수십 년 두 자릿수 성장을 구가하며 세계 경제의 심장 역할을 하던 중국은 최근 세계 경제의 두통거리가 됐다. 2012년부터 간신히 7%대 중반의 성장을 이어가고 있다. 2015년 1분기와 2분기에 성장 목표치인 7%를 간신히 달성했다. 하지만 이 성장률을 믿는 사람은 그리 많지 않다. 브라질은 2014년 4분기 이후 2015년 2분기까지 마이너스 성장을 이어가고 있다. 심지어 마이너스 성장이 더욱 심해지는 추세다.

러시아는 우크라이나 사태로 인한 서방의 경제제재와 에너지 가격 폭락으로 고전하고 있다. 2015년 들어 연속 마이너스 성장을 이어가고 있다. 2015년 2분기 성장률은 마이너스 4.6%에 이른다.

한국은 어떤가? 역시 고전을 면치 못하고 있다. 그나마 버팀목이던 수출마저 곤두박질하고 있다. 2015년 8월 수출액은 2014년 같은 달보다 14.7% 줄었다. 2015년 들어 한국의 수출은 국제유가 하락과 중국의 수요 부진으로 8개월 연속 전년 동월 대비 감소세를 이어가고 있다. 이런 상황이니 성장률은 말할 것도 없다. 2015년 2분기 2.2% 성장했을 뿐이다. 한국의 연평균성장률1971년에서 2015년 6월 말까지은 무려 7%에 달했다.

양적완화란 덫

우리는 지난 200년 역사에서 가장 완화적인 통화정책을 보고 있다. 돈이 살포되는 현장을 목격한 세대라 할 수 있다. 물론 그 명분은 성장이다. 중앙은행과 정부는 성장률을 끌어올리기 위해서는 돈을 찍어낼 수밖에 없다고 주장한다. 하지만 성장은 게걸음이다. 통화정책이 작동하고 있다는 증거는 좀처럼 찾기 어렵다. 그런데 중앙은행들은 이 정책을 멈출 생각이 없다.

오늘날 통화정책을 어떤 이코노미스트도 '정상'이라 하지 않는다. 이 말은 현재와 반대 방향, 즉 금리 인상이 '정상화'로 가는 길이란 뜻이다. 하지만 그 길을 모두가 두려워하고 있다. 가능하면 돈에 안주하려고만 한다. 견고한 성장을 보이는 미국에서조차 통화정책이 정상화하는 걸 두려워한다. 시카고 연준 총재인 찰스 에반스Charles Evans의 다음 발언이 대표적이다.

정책금리를 조만간 올리라는 요구는 매우 불편하다. 정책 목표를 달성할 때까지 금리 인상을 연기하는 게 좋다. 적응력이 떨어진 금융 조건에서 경제 모멘텀이 유지될 수 있는지를 확인하기 위해 금리 인상으로 가는 길은 연기돼야 한다.

그는 무엇을 겁내는 걸까? 이뿐만이 아니다. 연준 내 비둘기파들은 금리 인상을 끊임없이 견제한다. 대체 왜 그런 걸까?

바로 양적완화가 내포하는 치명적 '덫' 때문이다. 이 덫에 걸린 경제는 쉽게 회복되지 못한다. 세계 경제가 허덕이는 이유는 바로 이 덫에 걸렸기 때문이다. 'QE Trap'이란 용어는 세계 최고의 양적완화 전문가인 노무라증권의 리차드 쿠Richard Koo가 만든 것이다. 번역하자면 '양적완화의 덫' 정도 될 것이다. 그는 선진국이 이 덫에 걸렸다고 주장하고 있다. 미국은 애써 이 덫에서 빠져나오려 하고 있다. 하지만 쉽지 않을 것이다. 옐런을 비롯한 연준 내 핵심 세력들이 금리 정상화를 두려워하는 발언을 쏟아내는 이유가 바로 여기에 있다.양적완화의 덫은 '마이너스금리와 비트코인' 참고

유럽중앙은행을 비롯한 스웨덴, 노르웨이, 호주 등이 2010년과 2011년에 금리를 올렸다. 경제 회복이 나름 구체적인 성과를 거두었고 인플레이션도 목표치에 접근했기 때문이었다. 한국도 마찬가지였다. 금융위기 이후 내린 금리를 2010년 7월부터 올리기 시작해 2012년 7월까지 3%를 유지했다. 그러나 그 기간은 오래가지 못했다. 서둘러 금리를 다시 내릴 수밖에 없었다.

교훈은 명백하다. 명목금리 하한zero lower bound인 상황에서 금리를 올리는 일은 쉽지 않다. 기초 체력이 아닌 통화정책에 의존한 경제는 온실 속 화초와 같다. 통화정책이 선회하는 순간 쉽게 무너진다.

실물경제에서는 피가 돈이다. 핵심은 그 돈이 자연스럽게 흘러야 한다는 데 있다. 강제로 외부에서 주입한 돈은 혈관을 막아 동맥경화를 일으킬 뿐이다. 그 돈은 실물경제 구석구석을 흐르지 않고 힘을 가진 소수나 은행에서 멈춘다. 이 돈은 오로지 금융이익만을 좇는다. 그것이 손쉽기 때문이다. 산업자본으로 변신은 거의 없다. 실물 경제에 투자한 돈은 비교적 오랜 세월이 흘러야 이익이 실현되니, 이들 돈은 단기 이익에 충실할 수밖에 없다. 여기에서 중앙은행의 스탠스가 긴축으로 바뀌면 이들 돈은 급속히 퇴장하게 된다. 결국, 그 돈에 의지한 성장도 무너질 수밖에 없다.

덫은 부채 때문이야

통화정책은 왜 덫에 걸린 걸까? 바로 부채 때문이다. 국가는 물론이고 민간까지 부채가 목까지 차있는 게 현실이다. 세계적으로 유명한 매킨지컨설팅이 2015년 2월에 발표한 〈부채와 디레버리징〉이란 보고서를 보면 부채는 끔찍한 수준으로 증가했다. 22개 선진국과 25개 개도국의 부채 상황을 추적한 이 보고서는 글로벌 총부채가 시간이 흐를수록 폭증하는 데 주목하고 있다. 2007년 4분기보다 2014년 2분기 글로벌 총부채는 무려 57조 달러나 급증했다. 앞에서 언급한 국가들의 총 국내총생산GDP의 286% 수준에 도달했다.

과연 언제까지 부채에 의지한 성장이 가능할까? 부채가 목에 차면 정책당국이 필사적으로 노력한다 해도 지속적 신용 팽창은 불가능하다. 신용의 양은 자동으로 삭감된다. 게다가 높은 부채는 고금리를 견딜 능력을 극도로 제한한다. 2008년 이후 금리를 올리려 했던 선진국들이 빠르게 다시 금리를 내린 이유다.

무엇보다 국가부채가 문제다. 이는 유로존을 보면 잘 알 수 있다. 유로존 침체는 유럽중앙은행이 통화정책을 일정 부문 잘못 운영한 결과일 것이다. 하지만 온전히 잘못된 통화정책 탓이라고 단정할 수는 없다. 오히려 유럽중앙은행은 그저 평범한 통화정책을 사용했을 뿐이다. 그런데도 경제가 좀처럼 잠에서 깨어나지 않는 이유는 국가부채가 과다한 탓이다. 유로존에서 문제가 되는 국가들은 국가부채 과다로 재정 긴축이 성장을 수축시키는 곳이다.

경제 성장의 한 축은 정부다. 그런데 과다 부채로 재정 긴축이 시행되면 성장률은 하락할 수밖에 없다. 현재 세계는 중앙은행이 지배하고 있다고 해도 과언이 아니다. 그러나 국가의 재정압박이 지금보다 심해지면 과연 중앙은행이 통화정책을 작동할 수 있을지 의문이다.

2010년대 우린 통화정책이 더는 작동하지 않는 상황에 직면할 수 있다. 미국 금리는 2016년 말쯤 2% 언저리에 있으리라는 게 국제 투자은행들 전망이다. 그런데 만약 재정문제를 해결하지 못해 재정 긴축을 해야 한다면 혹은 경기후퇴나 침체가 온다면 금리를 다시 제로로 내려 경제를 살려낼 수 있을까? 통화정책만으로 국가부채와 적자를 해결할 수 없다는 건 무척이나 분명하다. 유일한 희망은 고도성장뿐인데 이 확률은 희박하다.

더욱이, 화폐유통속도는 어느 시점에서 역전될 것이다. 사상 초유의 완화적 통화정책을 지속할 수 있었던 것은 화폐유통속도가 지난 10여 년 동안 지속해서 하락했기 때문이다. 만약, 그 속도가 다시 빨라진다면 우린 인플레이션이라는 보복에 직면할 수 있다. 이 경우, 유일한 대안은 금리를 올리는 것인데 과다 부채 상황에서 이는 불가능하다.

그럼 통화정책은 종말을 맞을 것인가? 그렇진 않을 것이다. 다만, 극도로 제한받을 것이 분명하다. 중앙은행이 하는 발언은 점차 시장 신뢰를 잃게 될 것이다. 중요한 것은 언제나 실물경제의 기초체력이다.

싼 금리는 뜻밖에 힘을 가진 사람들 주머니를 두둑하게 한다. 돈이 실제로 필요한 사람들은 서민들이지만 값싸게 풀린 돈이 이들에게 돌아가는 부분은 생각보다 적다. 부채는 물적 담보와 무형의 신용을 담보로 성장한다. 이 때문에 값싸게 풀린 돈은 이를 가진 쪽으로 향할 수밖에 없다. 이 세상에서 담보는 누가 갖고 있는가? 물적 담보뿐만 아니라 무형의 신용 또한 기득권이 독차지하고 있다. 이들에게 값싸게 풀린 돈이 집중될 수밖에 없으니 통화정책이 경제 성장에 그다지 이바지하지 못하는 것이다.

극소수 기득권에 풀린 돈이 대체 무슨 수로 성장을 이끌 수 있겠는가. 실제로 성장을 이끄는 주역은 다수인 보통사람이다. 한데, 이들 주머니가 말라가는 마당에 성장은 언어도단일 뿐이다. 그런데도 기득권은 기존 통화정책을 고집한다.

자본주의는 태생적으로 승자독식을 추구한다. 자본주의 체제에서 탄생한 통화정책 역시 이를 따를 뿐이다. 현대 통화정책이 누구를 위한 것인지는 너무나도 뻔하다. **통화정책은 과장해 표현하면 기득권 보호막에 불과할 수 있다.** 이게 통화정책이 내포하는 정치·경제적 함의다.

진정 그 한계를 벗어나고 싶다면 기본으로 돌아가야 한다. 세상을 돈만으로 바꿀 수는 없다. 통화정책만으로 견실한 성장은 불가능하다. 물론 성장에 돈은 필수적이지만 전제조건이 있다. 돈이 골고루 퍼질 수 있어야 한다는 것이다. 위가 아닌 아래로 흐르게 해야 한다. 금융보다는 실물경제가 중요하다. 평범한 이들이 건실한 노동을 기반으로 이룩한 생산성이야말로 언제나 최고 가치다. 돈은 이에 윤활유가 돼야 한다. 인류가 지금 당장 찾아야 할 처방이 바로 그것이다.

2장

달러와 위안 전쟁

| 기축 통화라는 세계 경제 주도권 쟁탈전 |

달러 강세가
몰고 올
경제지각 변동

국제통화기금IMF이 미국 연방준비제도연준에 대해 내년까지 기준금리 인상을 늦출 것을 재차 권고했다. 금리 인상은 달러 강세를 유발해 미국 뿐 아니라 전 세계적으로 경제에 악영향을 끼칠 수 있다는 이유에서다. IMF는 7일현지시각 미국 경제 점검 보고서에서 미국과 다른 국가 간 상이한 성장세 때문에 달러지난 1년 동안 주요 통화 대비 20% 이상 평가절상의 지속적인 강세는 "현저한 위험"이 될 것이라고 강조했다.

▪ 뉴스 1, 2015. 08. 08.

갑과 을이 거래하면 반드시 결제가 동반된다. 그리고 그 수단으로 쓰이는 것이 통화 즉, 돈이다. 한국에서 거래하면 '원화'가 결제 통화가 된다. 그럼 국제간 거래일 때는 어떨까? 이 경우엔 원화가 아닌 '미국 달러'가 쓰인다. 특별한 경우가 아니라면 말이다. 그래서 달러를 기축통화라고 한다. 기축통화란 국제간 결제수단으로 일반화된 통화, 세계의 돈을 말한다.

통상 특정 국가 통화량은 자국 중앙은행이 결정한다. 침체기엔 통화량을 늘리고 호황기엔 줄이는 방식이다. 미국도 같다. 문제는 달러가 '세계 통화'라는 지점에서 발생한다. 달러는 세계 통화이지만 그 통화량 조절은 온전히 미국 중앙은행인 연방준비제도이사회가 결정한다. 세계의 돈은 '달러'지만 그 발행권한을 세계가 아닌 미국이 가진 것이다. 연준은 세계 경제가 아니라 미국을 위해 존재하는 집단이다. 통화 발행자와 유통 지역의 불일치는 세계 경제에 치명적 약점이 된다.

일반적으로 시중 유동성이 풍부해야 경제는 활성화한다. 경기가 침체하면 금리를 내려 유동성을 늘리는 것도 이 때문이다. 이는 세계 경제도 마찬가지다. 세계 돈인 달러가 풍족해야 원활하게 돌아간다.

세계 경제는 2008년 이후 대침체 상황을 맞고 있다. 그러므로 세계통화인 달러의 발행권자인 연준이 유동성을 줄이면 안 되는 시점이다. 그런데 연준은 이에 관심이 없다. 자신들 국익을 위해 양적완화로 풀린 달러 유동성을 회수하는 데 관심을 둘 뿐이다. 미국은 '테이퍼링'이란 억제적 통화정책에 이어 금리 인상을 목전에 두고 있다. 이는 달러 유동성 축소로 이어진다. 달러를 풀어야 할 시점에 오히려 줄이는 정책이 사용되는 셈이다.

통화체제란 특정 통화의 장기 추세를 말한다. 지난 수십 년, 세계 주요 통화는 나름 견고한 추세를 이어갔다. 일본 통화 엔 상승과 미국 달러 하락이 옛 통화체제를 대표했다. 그리고 이것은 세계 경제에서 안전판 역할을 했다. 달러가 가치를 잃어간다는 얘기는 그만큼 달러가 풍부해진다는 소리다. 이를 뒷받침한 건 미국의 무역적자였다. 미국은 적자를 감수하며 세계 곳곳에서 만든 물건을 사는 대신 달러를 세계 경제에 공급했다. 한편 엔화 가치 상승은 일본 수출경쟁력을 약화해 한국, 대만과 같은 신흥 수출국을 부상할 수 있게 했다. 물론 이 두 이벤트를 미국과 일본이 의도한 것은 아니지만, 결과는 세계 경제에 호재로 작용했다.

최근 이러한 통화시장의 구체제가 급속히 허물어지고 있다. 그냥 무시해버려도 좋을 사안이 아니다. 글로벌 통화체제가 변한다는 신호일 수 있는 탓이다.

2012년 말부터 추진된 아베노믹스 여파로 일본은 무차별적 양적 완화를 시행했다. 이는 엔화의 급속한 절하로 이어졌다. 엔화는 달러에 강세를 보여 오다 2012년 말부터 방향을 틀어 약세를 보이고 있다. 이로써 지난 수십 년 지속한 엔화 강세의 추세선은 깨졌다.

이는 분명히 중요한 변화다. 하지만 더욱 중요한 것은 미 달러의 장기 추세가 변하고 있다는 점이다. 미 달러의 약세 기조가 깨지고 있다. 달러는 금융위기 이후 오히려 강세를 이어가고 있으며 이런 흐름은 미국이 시행한 억제적 통화정책 가시화로 더욱 가속하고 있다. 2010년 초·중반대 통화시장 흐름은 글로벌 자본이 활발히 재배치되는 징후를 보인다. 특히, 미 달러 강세가 지속할 수 있다는 신호가 강력하다.

달러의 흐름

사실, 달러는 1980년대 중반 이후 내리막길을 걸어왔다. 1990년대 말부터 2000년대 초까지 잠시 반등하기도 했지만 2002년부터 다시 하락하기 시작했다. 이후 9년 만에 달러는 약 40%나 절하된다. 달러 인덱스 기준으로 2002년 118에서 2011년 71 수준까지 하락한다.

원인은 두 가지였다. 그 첫 번째는 부시 대통령 시절에 벌어진 이라크전쟁과 거대한 세금 감면이었다. 이 두 이벤트로 미국의 재정적자, 무역적자는 하늘로 치솟을 정도로 급증했다. 적자로 미국은 달러를 찍어낼 수밖에 없었다. 달러 유동성이 폭증하면서 달러는 내리막길을 걷게 됐다.

두 번째는, 2000년대 초반 연준의 저금리에 바탕을 둔 팽창적 통화정책이었다. 하지만 당시 다른 국가들은 경기가 호황이라 오히려 긴축해야 했다. 이것이 달러 약세, 타 통화 강세를 만들었다. 이 추세에 일시적인 변화가 생기니 바로 리먼브라더스 파산으로 인한 경제위기였다. 이때 달러는 안전자산으로 인식되며 급격히 올랐다. 패닉 상황이 되면 세계는 여전히 달러를 갈망한다는 사실이 확인된 것이다. 그러나 이 강세는 오래가지 못했다. 2009년 초, 연준이 양적완화를 본격화하자 달러는 다시 다시 내림세를 지속했다. 2009년에 타임지는 이 현상을 달러가 '서서히 죽어간다'고 까지 표현했다.

이 흐름은 역전됐다. 2013년 5월, 연준이 양적완화 축소 계획을 밝힌 이후 미국의 시중금리가 상승하고 있다. 10년물 국채금리는 약 두 배나 뛰었다. 금리가 오르면 통화가치는 상승하기 마련이다. 역사적 경험으로 보면 달러 역시 마찬가지다.

사실, 달러 강세는 이미 통화시장에서 감지되기 시작했다. 주요 통화의 달러 대비 가치는 영국 파운드화가 2007년, 유로화는 2008년에 고점을 형성한 후 계속 내려가고 있다. 유독 엔화만이 달러에 대해 강세였는데 엔화도 아베노믹스와 맞물려 가파르게 내려갔다. 이 추세가 지속할 거라는 게 일반적인 시각이다.

달러 행태가 변하고 있다. 보통 추세가 한 번 형성되면 그것은 몇 년 동안 지속하는 경향이 있다. 물론 6개월이나 1년 단위로는 장기 추세를 확인하는 게 힘들 수도 있다. 오르기도 하지만 내릴 수도 있

미 달러 인덱스 30년 추이, 2015년 7월 현재

으며 가끔은 게걸음처럼 횡보하기도 한다. 하지만 장기적으로 보면 특정 통화의 추세를 확인하는 건 그리 어렵지 않다. 달러가 2011년부터 서서히 상승하고 있다는 것이 이를 말해준다.

달러 강세가 세계 경제에 미치는 영향

달러 강세 현상을 다른 통화의 약세로 인한 반대급부 현상으로만 설명하기엔 뭔가 미진하다. 다른 이유도 있을 것이다.

먼저, 미국 경제가 상대적으로 강하다는 점이다. 미국 경제는 금융위기 이후 최근 몇 년 동안 눈부신 성과를 이뤄냈다. 특히, 선진국 중에서는 가장 뛰어난 성적을 냈다. 유럽과 일본을 포함한 세계 대부분이 경기침체 혹은 후퇴에 직면한 상황에서 미국 성장세는 가히 독보적이라 할 수 있다. 미국 경제가 상대적으로 우수한 성적을 내면서 미국 금융시장을 포함한 자산시장 전반으로 외국자본이 몰려들고 있다. 이것이 달러 강세를 만들어내고 있다.

둘째는 무역수지 개선이다. 미국 무역수지는 2008년 금융위기 이후 극적으로 개선된 후 안정적인 양태를 보인다. 미국 내 에너지 생산 붐과 오일 가격 하락으로 수입은 줄고 수출은 늘고 있다. 미국은 중동에선 석유를 아시아에선 공산품을 수입하면서 달러를 세계에 공급했다. 그 때문에 세계는 풍부한 달러 유동성을 누릴 수 있었다.

그러나 이 흐름에 변화가 생겼다. 셰일 붐으로 미국은 에너지 순수출국이 될 수도 있다는 전망이 나오고 있다. 게다가 정책적으로 제조업 부흥을 꾀하면서 수입보다는 수출에 방점을 두고 있다. 미국의 경제 기초가 강건해지고 있다. 이는 결국 해외로 나가는 달러보다 미국으로 유입되는 달러가 점차 많아진다는 것을 의미한다. 달러 강세가 될 수밖에 없다.

셋째는 재정적자 개선이다. 재정적자는 경상수지 적자와 더불어 미국을 망치는 두 개의 악으로 불릴 만큼 심각했다. 금융위기를 불러온 것도 사실은 미국의 재정과 경상수지 적자가 한몫했음을 부인할 수 없다. 그런데 2009년 이후 세수는 늘고 지출은 줄었다. 적자는 급속히 줄어들었다. 2010년에 국내총생산GDP의 11%에 달했던 재정적자가 2014년 말에는 3%로 줄었다. 2015년 전망치는 2.6%로 좀 더 줄어들 것으로 예상한다. 이는 지난 2007년 이래 가장 낮은 수준이다. 그만큼 미국 경제가 탄탄한 호황세라는 뜻이다. 더불어 연방정부가 씀씀이를 절제하고 있다는 소리다. 미국의 재정이 균형을 찾아가고 있다. 국가가 튼실해지고 있으니 그 나랏돈이 강세를 보이는 건 당연하다.

넷째는 상대적 고금리다. 미국은 제로금리를 유지하고 있다. 하지만 유럽과 일본 등 기타 선진국에 비하면 상대적으로 고금리인 상황이다. 2015년 6월 15일 현재, 미 국채 10년물 금리는 2.3% 수준이다. 2010년도 초에 약 3.88% 수준이었으니 5년 만에 40% 정도 하락한 상태다. 그런데도 미 국채 10년물 금리는 독일과 일본 국채보다 고금리인 상황이다. 독일 국채 10년물 금리는 0.73%, 일본 국채 10

년물은 0.45% 수준이다. 미 국채 금리가 일본과 비교해 5배, 독일과 비교해서는 3배 이상 높다고 할 수 있다.

미국은 세계 최고의 안전 투자처다. 미국의 디폴트 가능성이 독일이나 일본보다 높다고 할 수 없다. 그럼에도 미 국채는 독일과 일본 국채보다 금리를 더 주고 있다. 이는 안전한 채권에 투자하고자 하는 국외 투자가들에겐 호재다. 미국으로 돈이 몰릴 수밖에 없는 상황이다. 이 역시 달러 강세 요인으로 작용하고 있다.

정리하면 다음과 같다. 펀더멘털로 보면 미국 경제 회복과 에너지 붐을 들 수 있다. 이론적으로 특정 통화 가치는 견고한 성장이 결정한다. 이는 달러엔 호재다. 미국 경제는 적어도 선진국 중에서는 가장 안정적인 성장을 이뤄가고 있다. 영국, 유럽, 일본 모두 경제 수축을 걱정하는데 미국은 그 나름대로 지속적 성장세를 이어가고 있다. 노동시장 개선, 제조업 회복 외에도 미국은 셰일가스 개발로 에너지 생산 붐을 맞이하고 있다. 이것은 펀더멘털이 변화하고 있음을 방증한다. 달러 강세를 만드는 원천이 여기에 있다.

통화가치를 결정하는 또 하나의 변수가 있다. 그건 바로 중앙은행이 얼마나 많은 유동성을 공급하느냐다. 지난 몇 년 동안 선진국 중앙은행은 어디라고 할 것 없이 금리를 제로로 고정한 채 양적완화란 수단을 동원해 유동성을 뿜어냈다. 하지만 이런 동조화 흐름이 깨졌다. 연준이 억제적 통화정책인 '테이퍼링'에 이어 금리 인상을 앞두고 있기 때문이다. 이것은 분명 달러엔 호재다. 반면, 일본은행은 양적완화를 더 가속할 것이다. 유럽중앙은행도 인플레이션이 낮게 유지되는 한 금리를 올리지 않을 것이며 팽창적 통화정책을 가속할 여지가 있다. 달러를 제외한 주요 통화가 약세를 피하기 어려운 상황이다. 이런 흐름 즉, 달러 강세는 단기적 현상에 그치지 않을 것이다. 최소한 6년에서 9년 정도 이어질 것이다. 역사적 경험치가 이를 말해준다.

달러 강세와 세계 경제

문제는 세계 경제다. 현대 경제를 움직이는 동력은 통화 유동성이다. 한데, 주지하다시피 달러는 미국만의 돈이 아닌 '세계 통화'다. 이 때문에 달러의 향배는 세계 경제에 엄청난 영향을 끼칠 수밖에 없다. 핵심은 달러 강세 현상이 얼마나 지속하느냐다.

추론이 가능하다. 역사적 경험치로 보면 달러 강세는 일단 추세가 되면 최소한 6년에서 9년 정도 이어진다. 그래서 강세 시점을 2011년으로 잡으면, 2020년까지 더 지속할 수 있다. 상당한 기간이다. 달러 강세 현상을 무시할 수 없는 이유다. 달러 강세엔 빛과 그림자가 있는 한편 호재로도 악재로도 작용할 수 있다.

우선, 미국을 상대로 수출하는 국가들에겐 호재가 될 수 있다. 달러가 강해진다는 말은 상대통화가 약해진다는 뜻이다. 유로와 엔은 물론 한국 원화도 급격히 절하된다. 이는 수출 위주의 국가에는 호재다. 자국 통화가 약해진다는 것은 수출경쟁력 제고를 뜻한다. 실제로 유로가 절하되면서 유럽 기업들의 경쟁력이 빨리 회복되고 대미 수출이 늘었다. 무역조건이 급속히 개선되면서 유럽, 일본 경제 전반에 호재가 된다. 하지만 이는 일부 국가만이 누릴 수 있는 특권이다. 모든 나라가 달러 강세 혜택을 받을 수는 없다.

반면, 악재는 심각하다. 연준이 세계 경제가 아닌 자국 이익을 극대화할 수 있는 시점에서 금리를 인상하면 그 후폭풍을 미국이 책임질 리 없다. 달러가 강세를 보인다는 건 세계 시장에서 달러가 귀해진다는 뜻이다. 이는 단순히 우리가 목격하는 몇몇 신흥국에서의 달러 철수를 뜻하지만은 않는다. 20세기와 21세기 초반을 지탱해온 글로벌 무역과 기축통화시스템에 변화가 생길 수 있다는 가능성을 포함한다.

미국이 희생하면서 다진 세계 경제 시스템은 종말을 고할까? 적어도 2010년대 초·중반까지 미국의 역할은 세계 최대 소비자이자 최종 적자국으로 규정됐다. 미국은 자동차 등 공산품 대신 달러를 수출해왔다. 무역적자를 감수하며 달러를 세계에 공급해왔다. "미국이 경상적자를 허용하지 않고 국제 유동성 공급을 중단하면 세계 경제는 크게 위축될 것, 그러나 적자 상태가 지속해 미 달러화가 과잉 공급되면 달러화 가치가 하락해 준비자산으로서 신뢰도가 저하되고 고정환율제도 붕괴할 것"이라는 트리핀의 딜레마는 현 시스템을 상징한다.

세계는 미국의 적자를 먹이 삼아 성장한다고 할 수 있다. 미국은 이 때문에 병이 들 수밖에 없는 구조다. 물론 미국은 이 병을 고칠 수 있는 달러 패권을 가졌다. 하나, 미국의 적자가 영원히 지속할 수는 없다. 미국도 생존을 위해 달러 대신 상품 수출의 길을 선택할 수밖에 없는 것이다.

미국은 이미 자기 노선을 정했다. 더는 천문학적인 무역적자를 감수할 수 없다는 게 미국 의지다. 달러 수출 대신 공산품 수출을 택한 것이다. 미국은 제조업과 에너지 산업의 부활을 통해 무역적자 개선을 꿈꾸고 있다. 세계에 공급하는 달러 양을 줄이겠다는 소리다. 결국, 미 달러에 의존하던 세계 경제는 일대 변화를 겪을 수밖에 없다. 일단 중동의 산유국과 아시아의 수출국들이 일정 부문 타격을 받을 수밖에 없다. 또, 외국 자본에 의존해 성장하던 일부 신흥국에서 경제 위기는 점점 늘어날 수밖에 없다.

무엇보다 달러 강세는 중대한 금융 이벤트가 임박했다는 신호다. 달러는 1992년 이래 가장 강하다. 불행한 일이지만, 달러 강세 현상은 극도의 금융 혹은 지정학적 불안 기간 중에만 발생했다. 지난 45년 동안 발생한 4개의 달러 쇼크는 거대한 이벤트의 징후였다. 리먼브라더스 붕괴, 1992년 유럽환율조정제도ERM, European Exchange Rate Mechanism에서 영국 탈퇴, 제1차 걸프전, 1980년대 초 폴 볼커의 급격한 금리 인상 등이 기폭제가 됐다.

그러나 상황은 바뀌었다. 적어도 표면적으론 그렇다. 미국 경제의 긍정적 측면이 달러 강세를 이끌고 있다. 그것이 미국에서 각종 금융 스트레스 지수가 극히 안정적인 이유다.보통 달러 강세는 긴축을 동반한다. 통화정책이 긴축으로 돌아서면 돈 빌리는 게 상대적으로 어려워지기 마련이다. 금융 스트레스가 높아지는 것이다. 하지만 미국 경제의 긍정적 측면이 달러 강세를 만들고 있으므로 금융 스트레스가 상대적으로 작게 발생하고 있다.

잊지 말아야 한다. 미국의 성장이 '역사적으로 비정상'인 통화정책으로 비롯됐다는 것을. 게다가 이런 비정상적인 통화정책을 미국만이 아닌 세계 거의 모든 나라가 만병통치약처럼 휘둘렀다. 뱅크오브아메리카에 따르면 세계 각국 금리는 리먼브러더스 붕괴 이래 2015년 3월 10일까지 558번이나 인하됐다. 상상할 수 없던 일이 현실이 된 것이며 비정상이 어느덧 정상이 됐다. 과연 이런 비정상인 상황을 정상으로 돌리는 게 쉬울까?

미국의 금융 스트레스 지수가 안정적인 이유는 금리 인상 때 충격이 포함돼 있지 않기 때문이다. 미국 연준이 금리를 아주 조금만 올려도 세계 금융 시스템은 엄청난 충격을 받는다. "달러가 날면 상품시장과 신흥시장이 운다."란 말이 있다. 달러 유동성의 급감과 금리 인상의 충격은 세계 경제가 경험해보지 못한 신세계다. 누구도 그 충격을 예단할 수 없다. 분명한 것은 달러 강세는 언제나 거대 금융 이벤트를 동반했다는 사실이다.

아이러니하게도 2008년 금융위기는 미국과 달러엔 전화위복이 된 셈이다. 위기의 진원지였던 미국과 달러는 점차 강건해지고 있다. 그런데 불행하게도 세계 경제는 여전히 암울한 터널 속이다. 게다가 달러 강세는 세계 경제에 득보다 실로 작용할 가능성이 크다. 기축통화 유동성 감소로 고통을 겪을 확률이 점차 커지고 있다. 문제는 이런 흐름이 단기에 그치지 않을 거라는 데 있다.

달러 강세에 대비해야만 한다. 그래야 다가오는 달러 유동성 부족에 대처할 수 있을 것이다. 동시에 현 기축통화시스템에 대한 개선책 마련 또는 국제적 합의가 시급하다. 이를 등한시한다면 특정 국가의 이득이 타국의 손해로 귀결되는 현 시스템의 모순은 피할 수 없다.

신실크로드의
지정학

시진핑 중국 국가주석의 새로운 유라시아 통합 경제구상인 '신실크로드'
사업에 1조 위안 이상, 우리 돈 183조 원이 넘는 자금이 투입될 것이라는
분석이 나왔습니다. 중국 신화통신은 중국 민생증권이 이 구상과 관련한
기초사업의 투자규모가 모두 1조 400억 위안, 우리 돈 183조 원에 이를
것이라고 전망했다고 전했습니다.
'신실크로드'는 중국의 중서부 개발을 통해 중앙아시아로의 진출을 추진
하는 '실크로드 경제벨트'와, 남부 지방 바닷길을 개발해 동남아시아 등
으로의 진출을 모색하는 '해상실크로드'를 합친 개념입니다.

▪ YTN. 2015. 4. 6.

방송은 '신실크로드' 프로젝트를 '사업'이라 표현했다. 이는 거칠
게 표현하면 '신실크로드' 프로젝트에 대한 결례다. 중국이 추진하는

'신실크로드'는 일개 사업이 아니다. 그것은 21세기 르네상스다. 또, 패권의 축이 서구에서 아시아로, 해양세력에서 대륙세력으로 이동하는 생생한 현장이다.

20세기 초 지정학은 21세기인 오늘도 유효하다. 1차 세계대전 당시, 현대 지정학의 아버지 핼퍼드 매킨더는 "세계 정치의 중심축 지역은 유로-아시아의 광대한 지역"이라 주장했다. 그는 유라시아를 '심장 지대'로 표현했다. 이유가 있다. 다른 전략적 중요성은 다 젖혀두고라도 전 세계 부존에너지의 75%가량이 이 지역에 묻혀 있는 것으로 추정되기 때문이다.

사실 강대국 간에 벌어지는 패권 전쟁은 유라시아를 놓고 벌어졌다고 해도 과언이 아니다. 19세기 제국주의 시대에는 영국과 러시아 사이에 그레이트 게임이 벌어졌고 20세기에 들어서는 미국과 소련의 냉전으로 바뀌었다. 마침내 소련이 붕괴하면서 유라시아 지역은 통합보다는 분열로 조각조각 나뉘었다. 유라시아 대륙에 패권 세력을 허락하지 않겠다는 것이 영국과 미국을 축으로 한 해양세력이 짠 전략이었다.

브레진스키는 그의 저서 《거대한 체스판》에서 "유라시아에 지배 세력이 없어야 한다. 미국에 도전하는 어떤 세력도 없어야 한다. 미국은 유라시아 지역의 지역 통합에 적절히 대응해야 한다. 지역 통합은 미국의 글로벌 파워 위상을 위협하기 때문이다."고 말했다. 미국의 이런 전략은 소련을 해체함으로써 20세기 말까지 어느 정도 성공을 거뒀다. 하나, 유라시아에서 새로운 움직임이 싹트고 있다.

강력한 리더로 급부상하며 지역 통합을 구체화하고 있는 중국이 그 주인공이다. 다음은 올 3월 22일 한겨레신문에 실린 '정의길의 세계 그리고'란 칼럼 중 일부다.

> 매킨더가 유일하게 발표한 논문인 '역사의 지리적 중심축'1904년의 말미는 의미심장하게 끝난다. 그는 중국이 러시아 영토를 잠식할 우려를 제기하며, 이는 중국을 압도적인 지정학적 패권세력으로 떠오르게 할 것이라고 말했다. 소련을 대신하는 중국은 이제 자신들의 경제력과 영향력을 유라시아 대륙 내부로 투사하고 있다. 중국의 '일대일로' 정책은 해상 및 육상 실크로드의 복원으로 분절된 유라시아 대륙 내부와 해안의 유기성을 회복하겠다는 것이다.

칼럼에서 보듯, 매킨더는 이미 한 세기 전에 중국이 유라시아 지역에서 패권 세력으로 떠오를 것을 점쳤다. 한데, 그것이 현실화하고 있다. 중국이 유라시아 지역 통합의 선봉장 역할을 하고 있다. 미국으로 대표되는 해양세력이 가장 두려워하는 일이 유라시아 지역에서 벌어지고 있다.

칼럼은 또 중국이 유라시아 지역을 통합하려는 직접적 수단으로 육상·해상 실크로드의 복원을 택했다고 적시하고 있다. 그렇다면 중국이 추진하는 '일대일로' 정책은 뭐고 신실크로드는 무엇일까? 그것은 세계 경제와 패권에 어떤 영향을 미치게 될까? 이를 분석하고 전망해보는 것은 21세기 세계를 이해할 중요한 열쇠일 수 있다.

신실크로드 청사진

원대한 계획을 현실화하려면 막대한 자금이 필요하다. 그래서 중국이 준비한 것이 아시아인프라투자은행AIIB, Asian Infrastructure Investment Bank이다. 이 은행 역시 2013년 10월, 시진핑이 제안하며 설립이 시작됐다. 2015년 4월 15일 기준으로 총 57개국이 창립 회원국으로 확정됐다. 창립회원국에는 영국, 독일을 포함한 나토회원국 중 12개국이 있다. 또, 아시아의 주요 미국 동맹국인 한국, 오스트레일리아, 뉴질랜드 등도 참여했다. 2015년 3월, 일본과 미국은 공식적으로 불참을 선언했으나, 일본은 태도를 바꿨다.

미국은 서방과 아시아 동맹국에 이 은행에 참여하지 말라고 반공개적인 압력을 행사했다. 하지만 이런 미국의 시도는 실패했다. 중국은 유라시아 개발과 통합이란 이니셔티브는 물론 그 구체적 재원까지도 확보할 길을 마련했다. 신실크로드를 구체화하는 터전을 완비한 것이다.

파키스탄에서 신실크로드의 첫 번째 프로젝트는 시작됐다. 중국은 아라비아 해 과다르Gwadar에 전략적 항구를 건설하고 있다. 건설에 필요한 자금은 중국이 대는 대신 항구는 장기임대 형식으로 중국이 관리하게 된다. 파키스탄 서부 발루치스탄Balochistan 주 아라비아 해변에 있는 과다르는 페르시아만 입구 호르무즈 해협에 근접해 있어 세계 원유 수송량의 20%가 통과하는 중남아시아와 중동 사이 전략 요충지다. 이 항만은 카라코롬 산악도로를 따라 티베트를 거쳐 중국

서부국경을 통과해 신장지구까지 이어지는 도로와 통합된다. 중국이 중동산 원유를 과다르항에서 옮겨실어 이 경제 회랑을 통해 운송할 경우 12,000km의 운송 거리를 2,395km로 줄일 수 있다. 이 프로젝트는 2020년에 완료할 예정이다.

두 번째 프로젝트는 최근에 공개되었는데 러시아에 집중한다. 무엇 때문에 러시아가 중요한가? 유라시아에서 가장 큰 국가인 러시아를 빼고 실크로드를 복원하는 건 불가능하다. 2015년 5월 모스크바에서 열린 '2차대전 승전 70주년' 행사에 참석한 시진핑은 푸틴과 매우 의미 있는 협정을 체결했다. 바로 중국이 주도하는 실크로드 개발을 러시아가 주도하는 유라시아경제연맹EAEU, Eurasian Economic Union과 연합하는 협정이었다. EAEU는 러시아, 카자흐스탄, 키르기스스탄, 벨라루스, 아르메니아 등이 참여하는 무역연맹이다. 이 무역연맹을 실크로드에 연결함으로써 실크로드 프로젝트는 베이징에서 폴란드 국경까지 확장할 수 있게 됐다.

중국과 러시아는 8개에 달하는 프로젝트에 합의했다. 그중 중요한 것만 살펴보자. 모스크바와 타타르스탄 공화국의 카잔Kazan을 연결하는 고속철도를 건설해 이 철도를 카자흐스탄을 통해 최종적으로 중국까지 연장할 예정이다. 당연히, 이 프로젝트는 러시아가 계획하는 유럽까지의 고속철도 프로젝트와 연계될 것이다.

중국의 지린 성은 러시아 주요 태평양 항구도시인 블라디보스토크와의 고속철도 건설을 제안했다. 미국 석유업계 뉴스 전문 웹사이트인 오일프라이스Oilprice 5월 12일 자 리포트를 보면, 러시아 수력

발전회사인 러시하이드로RusHydro와 중국 장강삼협집단공사Three Gorges Corp.는 320MW 수력발전 프로젝트를 극동지역중국과 러시아 국경에 인접에 건설하는 프로젝트에 협력하기로 합의했다. 이것은 중국과 러시아가 연합해 추진하는 가장 큰 댐 프로젝트다. 연 1.6조 와트의 전기에너지를 생산할 것이며 비용은 약 4천억 달러 정도가 투입될 것으로 예상한다. 유라시아에 변화의 바람이 불고 있다. 신실크로드는 더는 신기루나 꿈이 아니다. 매우 구체적으로 진행되고 있다.

신실크로드의 의미

중국에 신실크로드는 두 가지 중요한 의미를 가진다. 대내적으로는 이미 임계점에 다다른 과잉투자와 성장률 정체 현상을 타개할 돌파구가 될 수 있다. 사실 중국의 실물경제는 이미 경착륙 조짐이 나타나고 있다.

먼저 수출을 보자. 중국은 수출과 수입이 계속 줄고 있다. 수입이 줄어든 것은 투자와 소비가 쪼그라들고 있기 때문이다. 기업은 자본투자를 소비자는 소비를 줄이고 있다. 내수 기반이 무너지고 있다.

수출과 내수 모두 고전하는데도 2015년 5월 말, 무역수지 흑자규모는 2,173억 달러를 기록했다. 수출보다 수입이 더 많이 줄어 발생하는 전형적인 '불황형 흑자'다. 무언가 상당히 잘못돼 가고 있다.

게다가, 중국 명목은행대출은 2015년 3월과 4월 사이에 겨우

0.8% 늘었다. 수많은 경기 자극 대책에도 신용 확대가 여의치 않은 상황임을 알 수 있다. 이는 중국 시중은행의 무수익여신이 국내총생산GDP의 21%팬텀컨설팅사 추정에 달하기 때문이다. 수익은커녕 원금과 이자 상환이 의문시되는 상황에서 은행이 신용을 마냥 늘릴 수는 없다. 신용이 과거처럼 폭발적으로 늘어나지 않고 있다. 실물 경제가 수축하는 마당에 신용 팽창마저 정체를 보인다. 이런 현실에서 중국 국내총생산GDP 성장률은 여전히 7%를 넘는 고공 행진을 하고 있다. 뭔가 앞뒤가 맞지 않는다.

정말 중국 경제는 7% 성장을 하는 걸까? 중국 성장률에 의문을 품는 가장 눈에 띄는 곳이 영국의 팬텀Fathom이란 컨설팅 회사다. 팬텀은 중국 경제가 이미 경착륙에 진입했다고 주장한다. 또 중국은 내년 성장률이 3% 이하가 될 것으로 전망한다. 얼핏 과장되고 일방적 주장처럼 보일 수 있다. 하지만 마냥 무시하기엔 뭔가 찜찜하다. 주식 시장을 포함한 자산시장이 붕괴 조짐을 보이는 탓이다. 2015년 6월 18일과 19일 이틀 동안 중국 상해종합지수는 약 10% 이상 내렸다. 이 정도면 폭락 수준이다. 지난 1년간 상승세가 꺾였다고 단언할 수는 없지만 불안한 모양새다.

일반적으로 경착륙은 경기가 급속하게 냉각되고 소비와 투자가 빠르게 위축되는 현상을 말한다. 그리고 주가 폭락과 실업률 급증 현상을 동반하는 게 보통이다. 이 기준으로 보면 중국도 경착륙을 완전히 부정할 수 없는 상황이 돼 가고 있다. 주식시장 붕괴 조짐, 소비와 투자 부진으로 인한 신용 확대 속도 저하 등을 볼 때 그렇다.

중국 당국 역시 이를 잘 안다. 대안과 돌파구가 절실한 상황이다. 성장률 저하 혹은 급락, 과잉투자로 인한 과잉 생산, 자산시장 붕괴 등 산재한 악재를 일시에 해결할 길을 찾고 있다. 그 방편이 신실크로드다. 중국으로선 포기할 수 없는 선택이다.

대외적으로도 매우 중요한 신실크로드

신실크로드는 인류사 최대 프로젝트라 할 수 있다. 그 경제적 효과 때문만은 아니다. 동서양 강자들이 하나로 융합한다. 자원대국 러시아, 유럽 최대 경제국 독일 그리고 세계 시장이자 공장인 중국이 하나로 연결되는 것이다. 극동에서 베이징과 베를린을 잇는 지정학적 통합은 유라시아 대륙에 산재한 수많은 국가에 역동성을 불러올 것이다.

신실크로드는 세계 경제 지형, 그중에서도 기축통화 패권에 변화를 불러올 것이다. 위안화는 위상이 점차 강화될 것이다. 유로와 위안화 간 교류가 활발해지면서 자연스레 달러 패권을 잠식하게 될 것이다. 이미 러시아는 달러를 위안화로 대체해가고 있다. 독일 또한 프랑크푸르트 금융 시장에서 위안화 거래를 허용하고 있다. 기축통화가 된다는 것은 세계 경제의 리더가 된다는 의미다.

아시아-태평양 지역은 2050년이 되면 인류의 50%가 사는 지역이 된다. 글로벌 중산층 50% 이상이 이 지역에 거주하게 된다. 아시아에는 이미 5억2천만 명에 달하는 중산층 소비자가 살고 있다. 2030년이 되면 32억 명에 이를 것으로 전망된다. 결국, 이 지역을 장악한 세력은 패권 경쟁의 승자가 될 수밖에 없다.

이런 사실을 잘 아는 미국도 '태평양 세기'를 주창하며 아시아·태평양 지역의 중요성을 역설하고 있다. 하지만 그 행보가 중국만큼 실천적이지도 도전적이지도 못하다. 미국이 주도하는 환태평양경제동반자협정TPP, Trans-Pacific Strategic Economic Partnership은 다자간 자유무역협정이 그 본질로 개발 프로젝트는 아니다. 파괴력 차원에서 중국이 주도하는 신실크로드에 비교될 수 없다.

21세기에도 매킨더의 지정학 이론은 여전히 유효하다. 해양세력과 대륙세력의 패권 대결은 여전하다. 다만, 그 축이 서서히 바뀌는 징후가 여러 곳에서 감지된다. 중국이 주도하는 신실크로드는 그 대표적 표지다. 미국, 영국, 일본으로 상징되는 해양패권 시대가 저물고 있다. 대신 중국을 선두로 한 대륙세력이 부상하고 있다. 21세기는 누가 뭐래도 유라시아 시대가 될 것이다. 중국은 그것을 지렛대 삼아 다시 한 번 굴기를 꾀하고 있다.

오일 가격 하락이
말해주는
에너지 시장의
구조변화

미국 4대 석유 상장지수펀드ETF에 이달 들어 3억3400만 달러약 3,520억 원의 자금이 유입됐으며 이는 지난 2012년 10월 이후 2년래 최대 규모라고 21일현지시각 블룸버그통신이 보도했다. (…) 데이비드 나디그 ETF닷컴 최고투자책임자CIO는 "떨어지는 칼날을 잡으려는 투자자들이 있다"며 "많은 투자자가 장기적으로 유가가 100달러에 이르게 될 것으로 믿고 있다"고 말했다.

■ 2014년 10월 22일. 이투데이

우리는 수많은 편향bias에 시달린다. 특정 자산 가격이 폭락에 가까운 수준으로 떨어지면 맹목적으로 곧 반등하리라고 믿는 것도 그중 하나다. 과거 비쌌던 가격을 기준으로 현재 가격을 판단한다. 다시 말해, 기준점이 과거 높았던 가격이 되는 것이다. 확증편향과 앵

커링효과Anchoring Effect가 결합한 편향이다. 그러나 편향은 대부분 합리적 추론에 반한다. 냉정하게 얘기하면, 가격이 폭락해 낮은 가격이 된 데는 분명한 이유가 있다. 이유 없는 가격 하락은 없다고 봐도 좋다. 그것이 폭락일 경우는 더욱 그렇다. 현재 가격이 실제 가치라 믿는 게 합리적이지 과거 가격을 그 실제 가치로 판단하는 건 비합리적이다.

많은 사람이 오일 가격은 곧 반등할 것으로 믿는다. 현재 가격 수준이 불과 몇 년 전보다 과도하게 낮다고 생각하기 때문이다. 과거 비쌌던 기억이 현재를 지배한다. 오일 시장은 사실 전통적으로 강세장보다는 약세장이 우월했다. 강세장은 비교적 짧은 기간 동안 유지됐지만, 약세장은 11년에서 28년 동안 지속했다.

1980년대 중반부터 2015년 9월까지 오일 평균 가격은 56달러에 불과하다. 생각보다 낮지 않은가? 인간은 충격적인 사실만을 기억하는 경향이 있다. 오일 가격이 고공 행진할 때의 고통스러운 기억이 우리 뇌를 지배하고 있다고 할 수 있다.

이런 역사적 사실로 볼 때, 오일 약세장이 쉽게 반전하는 건 어렵다고 보는 게 합리적이다. 게다가 오늘날 약세장은 전혀 다른 의미를 담는다. 경기순환주기를 포함한 외부적 요인으로 약세장이 촉발됐을 뿐만 아니라 오일 시장 내부의 구조적 변화가 약세 현상을 부추기고 있다.

대체 왜 오일 가격은 이처럼 낮은 상태로 유지되는 걸까? 이 질문에 대한 답은 뜻밖에 우리 미래와 직접적인 연관이 있다. 오일은 20

세기를 지배한 실질적 주인이었다. 오일을 장악한 세력이 세계를 움직였다. 빈국이었던 국가들이 검은 황금으로 부자가 됐다. 오펙opec, 석유수출국기구은 세계 경제를 쥐락펴락하는 주요 패권 세력으로 부상했다. 미국은 오일 에너지를 장악하면서 세계 패권국이 됐지만, 소련은 그 장악과 배분에 실패해 와해했다.

그렇다면 21세기는 어떨까? 적어도 아직은 과거의 오일 지정학이 일부분 유효하다고 할 수 있다. 여전히 오일 에너지를 장악한 쪽은 힘을 가졌다. 하지만 앞으로도 그럴 수 있을까? 혹, 오일 가격 폭락이 전통 오일의 지정학적 혹은 경제적 중요성의 하락을 반영하는 건 아닐까? 결론부터 말하면, 20세기를 지배했던 오일 지정학이 그 뿌리부터 흔들리고 있다.

전통 오일의 힘은 그 유한성에서 출발한다. 특정 국가만이 가진 자원이었기에 이들이 모여 가격을 어느 정도까지 통제할 수 있었다. 오펙은 단순한 산유국 모임이 아닌 가격 카르텔 조직이다. 한데 그 유한성이 위협을 받고 있다. 바로 셰일 오일과 대체에너지 때문이다. 셰일 오일은 전 세계에 산재해있을 뿐만 아니라 그 부존량 또한 엄청나다. 정확한 산출이 불가능할 정도다. 게다가, 셰일 오일은 기술혁신을 토대로 기존 전통 오일을 급속히 잠식해가고 있다.

오일 가격 붕괴는 미국의 놀라운 셰일 생산량 덕이다. 2008년 이래 새롭게 늘어난 오일 공급량의 4분의 3은 미국산 셰일 오일이다. 이뿐만이 아니다. 태양에너지를 포함한 대체에너지가 꾸준히 그 세를 넓혀가고 있다.

전통 오일이 유한성을 무기로 세계를 지배하던 시대가 가고 있다. 에너지 다변화가 급속히 진전되고 있다. 에너지 구조 자체가 바뀌는 것이다. 이것이 오일 가격 하락의 진짜 이유다.

셰일 오일과 신기술

미국의 셰일 유전은 거의 한 세기 전에 발견됐다. 막대한 부존량을 확인했지만, 개발은 느렸다. 채굴 기술이 없었기 때문이다. 신기술 개발로 경제성이 확보된 건 21세기 들어서였다. 개발은 그때부터 본격화됐다. 셰일 산업에 봄이 왔다.

하지만 비관론도 만만치 않다. 2010년대 후반에 인 오일 가격 붕괴가 미국의 셰일 에너지 붐을 꺾을 거란 얘기다. 국제에너지기구IEA가 2015년 9월 11일 발표한 월례보고서가 그중 하나다. 이 보고서는 미국 등 오펙 비회원국 산유량이 2016년에 하루 50만 배럴 감소할 것으로 전망한다. 이는 구소련이 붕괴하고 24년 만에 가장 큰 감소폭이다. 사실, 2015년 들어 유명한 미디어치고 셰일 산업 비관론을 설파하지 않은 곳이 거의 없다. 헤드라인은 가혹하기까지 하다. "셰일 오일 혁명이 위험하다", "배럴당 65달러 이하에선 미국의 오일 붐은 오랫동안 지속할 수 없다" 등등.

실제로, 최근 오일 가격 하락으로 미국의 굴착 리그rig, 오일 굴착 플랫폼 숫자는 크게 줄고 있다. 리그 숫자는 셰일 오일과 가스 산업의 상황을 가장 객관적으로 보여주는 지표로 이용되고 있다. 이 때문에 그 숫자가 줄고 있는 건 동 산업이 위축되고 있다는 표시로 읽히고 있다.

이들 비관론은 분명 일리가 있다. 하나 가장 중요한 한 가지를 빼놓았다. 셰일 산업 현장에 불어 닥친 기술혁신이다. 셰일 산업은 기존 전통 오일 산업과는 다르다. 스마트폰 생태계가 과거 전화 시스템과 다른 것과 같다. 낡은 전화시스템은 그 발전이 느렸으나 스마트폰 생태계는 빠르게 진화한다. 셰일 탄화수소 생태계 역시 마찬가지다. 셰일 오일이 오늘처럼 일반화한 건 기술혁신 결과다. 혁신으로 채굴원가는 낮아졌고 절대 생산량은 많아졌다. 셰일 오일 비관론자들이 간과하는 게 바로 이것이다. 셰일 산업계는 전통 오일 산업과는 다르게 눈부시게 발전하고 있다.

비관론자들이 가장 많이 거론하는 오일 리그 숫자만 해도 신뢰성에 문제가 있다. 단위 리그당 생산성이 높아진다면 그 숫자 감소는 의미가 없기 때문이다. 실제 리그 숫자는 줄었지만, 단위당 생산성은 급격히 오르고 있다.

셰일 혁명은 텍사스 바넷Texas Barnett 유전의 천연가스 추출로 시작됐다. 2008년에 이 새로운 유전에서 생산된 천연가스가 미국 시장에 풀린 후부터 가스 가격은 세 배나 내렸다. 리그 개수는 주는데 그 생산량은 현재까지도 계속 증가하고 있다. 리그 생산성이 크게 향상된 덕분이다.

셰일 오일의 경우도 마찬가지다. 2012년부터 리그 수는 늘지 않았다. 오히려 줄고 있다. 그런데도 생산량은 급증했다. 기술혁신이 그만큼 눈부시다는 얘기다.

프랙킹fracking, 수압파쇄 기술의 진보를 보고 있노라면 현기증이 날 정도다. 셰일 오일 생산자들이 '주얼jewel'이라 부르는 것이 프랙킹 기술의 핵심이다. 컴퓨터 성능을 마이크로칩이 결정하듯 셰일 유정 생산성은 '주얼'이 좌우한다. 과거에는 하나의 유정에 한 개의 '주얼'만이 사용됐다. 하지만 이제 유정 하나에 23개까지 쓰인다. 이는 생산 효율성을 기하급수적으로 성장하게 했다. 2016년 정도면 유정 당 30에서 40개까지 쓸 수 있으리라 전망된다. 유정 하나당 생산량이 혁신적으로 늘어날 거란 얘기다.

기술발전은 프랙킹뿐만 아니라 그 주변에서도 활발하게 진행되고 있다. 최근엔 유정에서 자체적으로 전력을 생산할 수 있는 장비가 현장에서 사용되고 있다. 이 혁신으로 먼 곳에서 연료를 실어 나를 필요가 없어졌다. 채굴 장비의 주요 부품인 밸브와 펌프 가격도 내리고 있다. 반면, 내구성은 급격히 향상되고 있다.

이뿐만이 아니다. 이동식 리그Walking Rig, 이동식 채굴 장비가 개발돼 리그를 다른 유정에 재설치할 때 드는 비용이 줄고 있다. 셰일 오일 현장에서도 '빅데이터 분석'은 일상이 됐다. 기업들은 셰일 오일에 관련된 엄청난 데이터를 축적해나가고 있으며 이를 통해 최적의 채굴법과 장소를 찾아내고 있다.

이런 기술개발은 분명한 성과로 나타나고 있다. 미국 에너지정보청EIA이 2015년 2월에 발표한 〈셰일 채굴생산성보고서〉를 보면, 미국의 이글 포드Eagle Ford 유정의 경우 2007년보다 2014년 말 오일 생산량이 7배나 늘었다. 해마다 무려 100%씩 생산량이 증가한 셈이다. 몇 년 전에 3개 리그를 투입해 채굴했던 양 이상을 현재는 2개만 사용해서도 충분히 생산해낸다. 이 때문에 셰일 생산자의 손익분기점은 빠르게 낮아지고 있다. 상황에 따라 다르지만, 배럴당 55달러면 충분하다고 추정된다. 배럴당 40달러, 심지어는 10달러가 손익분기점이라는 생산자도 있다.

미국의 셰일 생산량은 지속해서 증가하고 있다. 더 많은 유전과 유정을 개발해서가 아니다. 기존 유정에서 더 많은 오일과 가스를 채굴해낸다. 원가는 계속 떨어지고 더 중요한 건 앞으로도 계속 떨어질 거란 사실이다. 오일 가격이 배럴당 40달러 선에 계속 묶여 있어도 셰일 생산자들은 수익을 낼 수 있다.

오펙 몰락

2015년 9월 중순까지, 가격 폭락에도 오펙은 생산량을 줄이지 않고 있다. 그들이 무엇을 원하는지 정확히 알 수는 없다. 다만, 미국에서 셰일 생산업자들을 무력화하려는 의도는 분명하다. 얼핏 그 전략은 작동하는 듯도 했다. 오일 가격이 배럴당 40달러대로 떨어지면서 에너지 기업들은 대량 해고를 통해 비용 절감을 시도했다. 관련 주식은 폭락했고 미국의 오일 리그 숫자도 급속히 줄기 시작했다. 하지만 그게 다였다.

오펙은 거의 와해 상태다. 기존 생산량을 유지하려는 목적이 미국 셰일 산업을 질식시키는 것이었다면 이들은 최악의 판단 착오를 한 것이다. 이는 사우디아라비아조차도 인정하는 사실이다. 사우디 중앙은행은 〈안정성 보고서〉에서 "비오펙 오일 생산자들이 사우디가 생각하는 것만큼 낮은 오일 가격에 민감하게 반응하지 않는 것이 명백하다"고 밝혔다. 또 "기존 유정에서의 오일 생산을 낮추기보다는 신규 오일 유정 개발을 줄였을 뿐이다."라고 명시하고 있다. 한마디로, 기존 오일 생산량을 유지해 경쟁자미국 셰일 산업를 압박하려던 자신들의 전략이 실패했음을 인정한 것이다. 오펙의 맹주인 사우디아라비아의 생산량 유지는 무의미함을 넘어 자신을 옥죄는 덫으로 작용하고 있다. 이들은 함정에 걸렸다.

오일이 저가로 유지되는 건 오펙 회원국엔 재앙이다. 산유국 대부분은 오일 수익으로 정부 재정을 꾸린다. 균형재정을 위해서 필요한 오일 가격은 국가마다 다르다. IMF 자료에 따르면, 쿠웨이트가 배럴당 54, 러시아 105, 사우디아라비아 106, 이란 131, 베네수엘라가 160달러 정도다. 이들은 이미 적자 상태다. 베네수엘라는 이미 디폴트 위험에 처했다. 러시아 재정 상황 역시 결코 만만치 않다. 그나마 사우디는 여력이 있으나 적자를 영원히 지속할 수는 없다. 2015년 8월 초 사우디는 2007년 이래 처음으로 국채를 발행했다.

오일 가격이 반등하더라도 오펙 회원국에 유리할 건 없다. 미국 등지에서 셰일 오일 생산량이 급증해 다시 가격 하락 압박을 받을 것이다. 오일 가격이 오르면, 수지타산이 맞지 않아 일시 가동을 중단했거나 폐쇄됐던 셰일 유전들이 재가동에 들어갈 것이다. 미국만이 아니다. 오스트레일리아, 캐나다, 중국까지 셰일 생산을 늘릴 것이다. 아르헨티나, 멕시코, 동유럽도 마찬가지다.

진퇴양난에 빠진 기존 산유국들

저유가 여파로 셰일 리그 숫자는 분명 줄고 있다. 이 때문에 내년엔 분명 셰일 오일 생산량의 증가 폭이 줄어들 가능성이 있다. 거듭 말하지만, 증가 속도가 둔화한다는 것이지 생산량이 줄어든다는 게 아니다. 셰일 오일 비관론자들이 생각하듯 생산량 감소는 없을 것이다. 외려 미국에서 셰일 오일 생산량은 시간이 흐르면 늘어날 수도 있다. 유가가 배럴당 50~60달러 정도에 머문다 해도 마찬가지다.

하버드 대학의 지구행성과학부 존 쇼John Shaw 교수의 발언은 의미심장하다. "우린 셰일 시대의 끝에 있는 게 아니라 그 시작점에 있다." 미국의 맨해튼 연구소Manhattan Institute는 기술혁신으로 셰일 산업의 손익분기점은 배럴당 5~20달러 수준까지 내려갈 것으로 전망하기도 했다. 이는 사우디아라비아가 자랑하는 유전 생산비용과 같은 수준이다.

오일 가격은 일시적으로 급증할 수 있다. 하지만 그 기간은 그리 길지 않을 것이다. 과거처럼 수년 동안 고유가가 지속하는 일은 더는 없을 것이다. 오일 가격이 하락하는 이면에는 에너지 구조와 패권의

변화가 있다. 전통 오일의 주도권 상실과 오일 가격의 약세 현상은
필연적이라 할 수 있다.

에너지 지정학은 이미 변화하고 있다. 과거에 에너지는 전통 오일
에 집중됐다. 하나, 오늘 그리고 미래, 에너지는 다변화의 길을 걷게
될 것이 분명하다. 에너지 패권 역시 특정 국가나 집단이 행사하기보
다는 다변화, 다극화될 것이 확실하다.

눈여겨봐야 할 것은 또 있다. 미국의 에너지 독립은 세계 정치와
경제에 상상할 수 없는 영향을 미치게 될 것이다. 우선 미국은 중동
산 오일을 수입하면서 공급했던 달러 유동성을 줄이게 될 것이다. 이
는 세계 시장에서 그만큼 달러가 줄어든다는 얘기다. 다시 말해, 달
러 가치가 높아져 달러 신용을 얻는 건 그만큼 어려워질 것이다. 동
시에 기존 전통 오일 산유국은 급속히 그 힘을 잃게 될 가능성이 크
다. 오펙이 누린 '스윙 프로듀서swing producer'의 힘은 상당 부분 희
석될 것이다. 어느 국가도 생산을 통제해 완벽히 가격을 조정할 수
있는 시대가 저물어 가고 있다고 할 수 있다.

21세기 역시 에너지를 장악한 국가가 패권을 누릴 것은 분명하다.
그런 의미에서 미국 영향력은 앞으로도 계속 지속할 가능성이 크다.
셰일 오일이 미국의 뒷배가 되고 있다.

원자재시장을
움직이는
진짜 동인

작년 세계 원자재시장은 과잉 공급, 수요 감소, 미국 달러화 강세 등의 이유로 연초 대비 18% 하락톰슨로이터 원자재지수 기준했다. 연간 낙폭으로는 2008년 금융위기 이후 최대치다. 특히 유가는 공급 확대로 한 해 동안 50% 가까이 급락하면서 지수 하락을 이끌었다. 올 상반기에도 이런 상황이 크게 달라지지 않았다. 상반기 글로벌 경기는 미국, 일본 등 선진국을 중심으로 개선됐지만 원자재 가격에 영향을 미치는 신흥국, 특히 최대 원자재 수입국인 중국의 성장세가 둔화되면서 약보합세를 지속하고 있다.

■ 한국경제. 2015. 07. 08.

21세기 들어 십여 년, 원자재를 포함한 상품시장commodity market 은 오르기만 하는 것으로 보였다. 비록 2008년 금융위기로 폭락하기는 했지만, 곧바로 회복세를 보이며 2011년 상반기까지 꾸준히 올랐다. 세계적 경기침체인 상황을 고려하면 이례적이라 하지 않을 수 없다. 물론 상품시장 상승세는 이내 주춤해졌다. 하지만 장기적인 시각으로 보면 여전히 상승세를 유지하고 있다는 점에서 이를 '코모디티 슈퍼사이클Commodity Supercycle'이 재개됐다고 얘기하는 사람들이 많다.

'코모디티 슈퍼사이클'이란 그 이름이 상징하듯 원자재 등 상품가격이 장기간 지속해서 오르는 현상을 말한다. 한두 해 오르는 게 아니라 적어도 몇십 년 동안 꾸준히 오를 때 이 용어를 사용한다. 역사적으로 슈퍼사이클은 1870~1913년과 1946~1973년에 있었는데 각각 미국 경제 성장과 2차 세계대전 이후 재건 활동이 주된 동력이었다. 문제는 2000년부터 오르기 시작한 시장에 있다. 보통 이를 두고 3차 슈퍼사이클이 시작됐다고 한다. 정말 슈퍼사이클은 시작된 걸까?

이미 알려진 상품시장 가격 결정 요인

상품시장을 움직이는 동인에 대해서는 대부분 의견이 일치한다. 중국을 포함한 신흥국의 급격한 발전이 그 주된 원인이라고 판단하는 것이다. 특히, 중국의 성장을 주요 동력으로 여긴다. 21세기가 열린 후 십여 년간 이어온 중국의 경제 성장을 부정할 사람은 없다. 연평균 10% 이상 경제 성장을 이뤘다. 7년 만에 중국의 경제규모는 두 배가 됐고 13년 만에 세 배로 불었다. 실로 믿을 수 없는 팽창이었다.

이 같은 성장은 엄청난 양의 원자재 수입으로 연결됐다. 20세기 말 오일 수요를 보면 중국은 순 수출국이었다. 하지만 중국은 세계 2위 오일 수입국으로 올라 2015년 6월 현재, 매일 700만 배럴 이상의 오일을 수입하는 것으로 조사되고 있다. 철광석을 보면 2000년엔 연 7천만 톤의 철광석을 수입했으나 2015년 1분기에만 약 2억3천만 톤을 들여오고 있다. 연간 기준으로 환산하면 십여 년 만에 약 10배 이상 증가한 셈이다. 이것이 원자재 가격을 올려놓고 있다는 주장의 근거가 됐다. 이외에도 두 가지 요인을 더 꼽는다.

첫째, 지구촌의 도시화와 산업화다. 이 둘은 자원수요를 필연적으로 늘린다. 그런데 중국을 포함하는 인구 대국들 즉, 브릭스 국가들의 발전이 가속하고 있다. 자원 수요가 급증할 수밖에 없다.

일반적으로 선진국일수록 에너지 사용량이 많다. 호주·프랑스·독일·일본·미국과 같은 선진국은 브라질·인도·멕시코·중국 등 신흥국보다 에너지를 더 많이 사용한다. 한데, 신흥국들이 급속히 성장하고 있다. 게다가 이들 신흥국 대부분은 인구 대국들이다. 이는 장기적으로 에너지 수요가 급증하리란 전망을 가능하게 한다. 엑손모빌사의 〈2013년 에너지전망〉 보고서는 개도국에서 에너지 수요가 2010년과 비교해 2040년에는 65% 정도 늘어날 것으로 보고 있다. 이것이 에너지 상품을 비롯한 원자재 가격 상승의 근거가 되고 있다.

둘째, 부존자원의 절대량 감소와 이에 따른 생산원가 상승이다. 금과 오일은 과거보다 더 깊은 곳을 파야 얻을 수 있다. 자원 고갈은 채굴의 어려움으로 이어지고 이는 다시 생산비 상승으로 귀결된다. 이외에도 오염에 대한 법규 강화·노동문제 심화·세금 등의 문제가 생산원가 상승으로 이어진다. 과거처럼 편안한 환경에서 작업할 수 있는 시대는 갔다. 생산비 상승을 피할 수 없는 상황이다.

21세기 초 상품시장 폭등을 이끌었던 건 이른바 NNRNonrenewable Natural Resource, 재생불능 천연자원이라 부르는 상품시장이었다. 왜 이런 현상이 벌어지는 걸까? 잘 알다시피 농축산물은 인간 노력으로 생산 확대가 어느 정도 가능하다. 이상 기후라는 변수를 제외하면 인간 노력에 따라 공급을 늘릴 수 있는 상품이다.

반면 NNR은 인간이 아무리 노력해도 만들어낼 수가 없다. 또, 단기적, 획기적으로 그 공급을 늘릴 수도 없다. 새로운 광산이나 유전을 탐사해 생산에 이르기까지는 적어도 몇 년의 시간이 필요하다. 그래서 일반적으로 원자재시장이 상품시장 상승을 주도하게 된다.

가격은 수요와 공급 원리로 결정된다. 일시적인 왜곡은 있을 수 있으나 가격이 수요와 공급으로 정해지는 것은 진리다. 경기후퇴가 본격화하기 전인 2000~2008년, 우리는 에너지, 금속, 광물 자원과 같은 NNR 부족을 경험했다. 이는 상품시장에서 가격 폭등을 불러왔다. 상품시장 특히, NNR 부문의 폭등 뒤에는 만성적인 공급부족이 있다. 인류는 산업화 과정을 거치면서 너무나 많은 NNR을 소비했다.

기억해야 할 점은 NNR 자체가 인위적인 생산이 불가능하다는 것이다. 인간이 만들어낼 수 없는 자원을 인류는 산업화 과정 중에서 이미 대부분을 써버렸고 이들 자원은 이미 고갈 단계로 진입했다는 것이 '불편한 진실'이다.

실제 동인은 따로 있다?

그런데 이상하다. 만약 중국 등 신흥국 붐이 상품가격 상승의 진짜 원인이었다면 성장률이 하락하더라도 성장이 지속하는 한 상품가격은 끊임없이 올라야 한다. 그런데 상품가격은 2008년 금융위기 이후 회복세를 보이다가 2011년부터 다시 하락하는 상황이다.

상품시장을 유심히 들여다보면 슈퍼사이클의 동력에 관한 가설이 얼마나 허술한가를 알 수 있다. 중국 등 신흥국 부상은 원자재 가격을 높이는 실제 동인이 아닐 수 있다. 오히려 원자재 가격을 높이는 신흥국 성장이 동시에 이뤄진 것뿐이란 즉, 두 이벤트는 우연히 그 시기가 일치했을 뿐이란 주장이 설득력을 얻고 있다. 중국의 원자재 소비가 폭발적으로 늘어나기 때문에 원자재 가격이 상승한다는 생각은 너무나 당연시됐다. 하지만 이는 성급한 일반화다.

앞에서도 언급했듯, 21세기 초 10년 동안 이루어진 지속적인 성장으로 중국의 원자재 수입은 현저하게 늘었다. 중국의 원자재 수입은 성장을 반영한다. 중국은 성장이 주춤해졌지만 어쨌든 7%대 플러스 성장을 지속하고 있다. 그래서 중국의 성장률 저하는 원자재 가격 하락의 이유가 되지 못한다. 이유는 설사 성장률이 하락했더라도 중국의 절대적 원자재 수요는 매년 신기록 행진을 계속하고 있기 때문이다. 그런데도 2011년부터 원자재 가격은 하락하고 있다. 그러니 중국의 원자재 소비가 원자재 가격 상승을 이끌었다는 가정은 일정 부분 틀린 것이다.

나머지 두 요인도 원자재 가격 상승의 절대적 이유론 역부족이다. 세계는 금융위기 이후 최악의 침체를 겪고 있지만 그렇다고 해서 지구촌에서 도시화와 산업화가 멈춘 것은 아니다. 중국과 인도가 성장하면서 도시화와 산업화는 지속하고 있으며 나머지 신흥국 역시 성장하는 게 현실이다. 이들의 에너지 부문 수요가 줄었다는 증거는 그 어디에도 없다. 그런데도 상품가격은 하락하고 있다. 재생불능 천연자원이란 변수도 마찬가지다. 이들은 계속 고갈돼 가지만 가격 상승으로 이어지진 못하고 있다.

정말 이상한 일이 아닐 수 없다. 수요는 계속 늘고, 부존량은 줄어드는데도 원자재시장은 좀처럼 반등의 기미를 보이지 않는다. 대체 어떤 요인이 상품시장을 움직이는 걸까? 만약 상품가격이 온전히 중국 등 신흥국 수요로 결정되는 게 아니라면 무엇이 그것을 정할까? 캐나다 시장조사회사인 BCA리서치는 이에 관해 흥미로운 분석을 했다. 아래 그림을 참조하기 바란다.

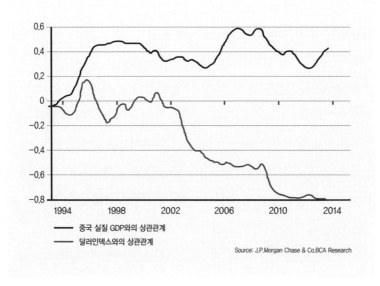

위 굵은 선은 원자재가격의 국제기준 역할을 하는 RJ/CRB 지수
Thomson Reuters·Jefferies CRB Commodity Index 연간수익률과 중국의
실질 국내총생산GDP과의 10년 상관관계를 표시한 것이다. 이 둘의
상관계수는 1990년대 후반 이후 0.4 정도에 불과하다.

반면, 아래 가는 선을 보자. 이 선은 CRB 지수 연간수익률과 실질
무역 비중을 고려한 달러 인덱스trade-weighted U.S. Dollar Index의 상
관관계를 보여준다. 2010년 이후 이 둘의 상관관계는 부의 상관관계
인 −0.8이다. 부의 상관관계란 둘 중 한쪽이 변화하면 다른 한쪽은
반대 방향으로 변화하는 관계를 말한다. 이때 달러가 오르면 상품가
격은 하락하고 달러가 내리면 상품가격은 오르게 된다. 이 둘의 상관

계수가 −0.8이라는 건 이 둘의 관계가 역방향으로 매우 크다는 걸 의미한다. 결론적으로 상품시장은 중국 등 신흥국 수요보다는 달러 가치에 더 큰 영향을 받는다고 할 수 있다.

위 분석은 21세기 초 약 10여 년에 걸친 상품가격이 고공 행진한 것은 미 달러의 지속적 하락을 반영한 결과라는 추론을 증명해준다. 상품가격이 달러 가치에 연동되는 건 역사적으로도 입증됐다. 달러 강세 시기엔 상품가격이 어김없이 약세를 보였다. 1990년대, 미국 경제가 호황이고 달러가 강세였을 때 상품가격은 하락했다. 오일 가격은 배럴당 10달러 이하로 떨어졌다. 2011년 즈음부터 달러 약강세 국면이라는 점에서 상품시장의 약세 현상을 이해할 수 있을 것이다.

그렇다고 신흥국 성장으로 인한 자원수요 급증 배경이 원자재 가격 상승의 요인이 아니라고 단정할 수는 없다. 자원의 유한성을 고려하면, 수요 증가는 가격 상승 압력으로 작용할 것은 분명하다. 그렇지만 우리가 아는 것만큼 그 영향력은 절대적이지 않다. 오히려 다른 요인 즉, 달러의 가치가 더 큰 영향을 발휘한다고 볼 수 있다.

슈퍼사이클을 결정하는 주요 동인은 달러 가치다. 이는 결국 달러 유동성 문제로 귀결된다. 저금리로 달러가 홍수를 이루면, 달러는 자연스레 원자재 시장으로 몰려든다. 다시 말해, 정상적인 수요에 더해 가공의 투기 수요가 덧붙여진다. 가격 상승을 피할 수 없다. 반대로 고금리 상황에서 달러 유동성이 줄어들면 투자와 투기 시장으로 몰려드는 달러 역시 줄게 된다. 당연히 상품시장은 가격 하락으로 이어진다.

원자재시장의 문제

달러 가치에 의해 원자재시장의 등락이 결정되는 건 어쩌면 무척 당연하다. 달러는 세계의 돈이다. 그것이 늘어나면 즉, 미국이 통화완화책을 써 유동성을 확대하면 그 돈들은 자연스레 원자재시장을 포함한 자산시장으로 이동한다. 달러 가치는 하락하고 자산시장은 오르게 된다.

반대로, 미국이 긴축적 통화정책을 써 유동성을 줄이면 자연스레 시중의 돈도 줄어들고 원자재시장을 포함한 자산시장은 하락하게 된다. 달러 가치는 오르고 자산시장은 내리막길을 걷는다. 이는 결국 글로벌 자산시장을 어느 정도는 미국이 통제할 수 있다는 얘기와 다르지 않다. 불공평한 패권이랄 수 있다.

더 큰 문제는 상품시장을 소수가 장악하고 있다는 데 있다. 20개 내외의 파워 트레이딩 하우스Power Trading House 즉, 상품거래회사 혹은 중개회사가 원자재시장을 쥐락펴락한다. 2010년 글렌코어사 Glencore는 세계 아연 거래량의 55%, 구리 거래량의 36%를 장악했다.

비톨Vitol, 트라피구라Trafigura는 2010년 기준으로 하루 810만 배럴의 오일을 팔았다. 이것은 사우디아라비아와 베네수엘라의 오일 수출량을 합한 물량이다. 비톨사의 2010년 매출액은 1,950억 달러로 애플사의 두 배에 달했다. 여기에 골드만삭스를 비롯한 주요 메가뱅크들까지 가세하는 형국이다. 이들은 전 세계에서 거래되는 상품시장 물동량의 절반 이상을 장악하고 있다. 거의 완벽한 독점이다.

상황이 이러니 가격 조작과 통제는 자연스러운 현상이다. 상품 자체만이 아니라 유통망 전체가 이들 손아귀에 있다고 해도 과언이 아니다. 이들은 또 항만, 파이프라인, 수송선, 거대 보관창고 등을 소유하고 있다. 이런 상황에서 가격 조작을 상상하는 건 충분히 합리적이다. 상품시장은 이들 소수가 내리는 의사결정 혹은 이익에 따라 등락한다고 볼 수도 있다. 지구촌 70억 인민의 삶이 이들 손에서 결정된다고 해도 지나친 건 아니다.

모든 자산 가격이 진정한 의미가 있으려면 건전한 수요가 가격을 견인하는 형태가 돼야 한다. 원자재시장도 마찬가지다. 그 가격이 지구촌 전체가 성장하면서 따라오는 수요로 결정돼야 한다. 기축통화 패권과 극소수의 투기 수요로 원자재시장이 언제든 흔들릴 수 있다는 얘기는 지구촌 성장 자체를 이들이 좌지우지한다는 의미다. 실제로 이런 예는 흔하다. 오일 가격이 급등하면 세계 경제는 일시에 얼어붙을 수도 있다. 문제는 이런 희생으로 얻는 대가가 극소수 트레이딩 하우스나 메가뱅크 주머니로 빨려 들어간다는 데 있다.

자원이 자본과 패권에 의해 불공정하게 배분되는 현실이다. 원자재 시장의 독과점 현상에 대한 개선이 시급하다. 더불어, 미국이란 슈퍼파워의 통화정책 탓에 상품시장이 흔들린다는 것도 결코 긍정적이지 않다.

위안의
기축통화 쟁취

잇따른 중국의 위안화 가치 절하로 글로벌 금융시장이 충격을 받고 있
다. 중국 중앙은행인 런민은행人民銀行은 11~13일 사흘 연속 각각 1.9%,
1.6%, 1.1%씩 총 4.6% 위안화 가치를 절하시켰다. 중국의 이 같은 조치
는 수출 경기 부양, 위안화 시장화 등을 위한 것이라는 일반적인 분석뿐
만 아니라 외환보유액의 급격한 감소세를 막기 위한 목적이라는 시각도
제기된다. 중국 정부는 위안화 가치 절하라는 칼을 한번 휘두름으로써
다양한 목적을 노리고 있는 셈이다.

■ 조선비즈, 2015. 08. 17

중국의 일거수일투족은 글로벌 시장에 이슈가 된다. 주요 경제 지
표나 정책 하나가 발표될 때마다 지구촌이 들썩인다. 세계엔 수많은
국가가 있지만, 경제지표 하나로 세계 경제에 충격을 주는 국가는 미

국과 중국뿐이라 해도 과언이 아니다. 어디 그뿐인가. 세계는 이들 눈치를 보느라 바쁘다. 한국만 해도 미국과 중국 사이에서 갈팡질팡하고 있지 않나. 약소국이 안고 있는 비애다.

이 모두는 중국 위상이 급부상했기 때문에 벌어지는 일이다. 힘이 미미했던 몇십 년 전만 해도 상상할 수 없었던 일이 터지고 있다. 지난 세기 후반 그리고 금세기 초반, 중국은 놀라운 성장을 했다. '굴기'라 부를 만하다. '남루함'을 벗고 벌떡 일어섰다.

중국이 G2로 성장했다는 데 누구도 부인하지 못한다. 어느새 미국이 견제하지 않으면 안 될 거대한 국가로 새롭게 태어났다. 하나, 중국과 미국은 'G2'란 단어가 의미하는 것처럼 우열을 가리기 어려울 정도로 팽팽한 사이는 아니다. 미국과 중국 간 힘의 격차는 생각보다 크다.

그중에서도 가장 큰 차이는 무엇일까? 군사력, 첨단기술 등에서도 차이가 나지만 가장 큰 차이는 바로 '통화' 즉, 돈이다. 위안화가 바짝 추격했다고는 하나 세계 기축통화는 여전히 달러다. 달러시스템은 미국 패권을 보장하는 '전가의 보도'다. 달러는 그 힘이 약화했다고는 하지만 여전히 세계에서 가장 많이 유통된다.

그뿐인가. 경제 위기 얘기만 나오면 서로가 못 가져 안달인 통화가 바로 달러다. 위안화가 국제화했다고는 하나 10대 거래통화에 포함된 것이 불과 몇 년 되지 않는다. 국제결제은행BIS이 3년마다 발간하는 '통화별 거래비중'에서 위안화는 거래량 기준으로 2013년 세계 9위 수준이다.

달러 거래 비중은 약 90%총 200%에서에 이른다. 외환시장에서 거래되는 액수 절반 정도가 달러를 사고파는 거래란 뜻이다. 그와 비교하면 위안화는 초라하다. 오늘날 글로벌 경제는 '달러시스템'이 장악하고 있다. 달러 유동성에 따라 세계는 웃고 운다. 다음 기사를 보면 달러의 위상이 어느 정도인지를 알 수 있다. 달러 흐름이 글로벌 경제를 쥐락펴락한다는 걸 잘 보여준다.

세계 금융시장이 21일 기준금리 인상 여부를 결정하는 미국 연방공개시장위원회를 일주일 앞두고 금리 인상 지연에 무게를 두고 움직이고 있다. 금리선물과 채권시장에서는 금리 인상이 내년으로 미뤄질 것으로 예상하는 투자자들이 갈수록 늘고 있다. 금리 인상 가능성을 우려하며 신흥국 주식과 채권시장을 떠났던 투자자들도 3개월여 만에 복귀했다. 금리 인상 지연설에 따른 달러 약세로 신흥국 통화가치가 상승했고 금값도 덩달아 뛰었다.

▪ 연합뉴스. 2015. 10. 21.

사실, 중국이 진정으로 미국과 어깨를 나란히 하려면 '달러시스템'에 버금가는 '위안화시스템'을 건설해야 한다. 위안화를 기축통화로 키워내지 못하면 중국이 원하는 세상은 불가능하다. 위안화가 그 자리를 차지하지 못하는 한 중국이 미국과 견주는 데는 한계가 있다. 자국 통화를 기축통화화하지 못한 패권은 오래가지 못한다. 통화시스템이 무너지면 패권도 잃는다. 로마도, 영국도 그렇게 자신들 통화

시스템이 무너지며 패권을 잃었다. 그만큼 '기축통화'와 '패권'은 불가분의 관계다.

중국 중앙은행인 인민은행은 2015년 8월 총 4.6% 정도 위안화 가치를 내렸다. 왜 내렸을까? 가장 평범한 해석은 수출경쟁력 확보를 위한 조치라는 것이다. 일리가 있다. 2015년 들어 중국 경제는 '경착륙'을 우려할 정도로 성장률이 하락했다.

하지만 이는 단견이다. 의도적 평가절하라고 보기엔 무리가 있다. 그보다 시장 친화적 조처라고 보는 게 타당하다. 실제 평가절하 조처 이후 기준환율과 시장환율의 괴리 현상이 사라졌다. 전일 시장환율 종가보다 약 1.5% 낮게 고시되던 기준환율이 시장환율을 반영하게 된 것이다. 이어 역외시장에 개입한 것으로 추정되면서 역내환율과 1% 가까운 괴리를 나타내던 역외환율도 9월 하순부터는 거의 역내환율에 수렴하고 있다. 이는 중국 정부의 위안화 평가절하 목표가 수출경쟁력 확보에만 있지 않음을 잘 보여준다. 위안화의 시장성을 강화하는 데 초점을 맞추었다고 할 수 있다.

중국 환율제도와 위안화의 국제화

사실, 변동환율제에 익숙한 우리는 중국 중앙은행이 환율을 내리고 올리는 걸 쉽게 이해하지 못한다. 환율은 당연히 중앙은행이 아닌 시장이 결정한다고 알기 때문이다. 물론 변동환율제에서도 정부와 중앙은행은 외환시장에 개입한다. 하지만 이는 암암리에 이뤄지는 게 보통이다. 극단적으로 변동성이 확대될 때만 공식적으로 개입한다. 한데, 중국은 중앙은행이 환율 결정권을 행사한다. 생소할 수밖에 없다.

중국은 관리변동환율제도managed floating exchange rate regime를 채택하고 있다. 단어부터 복잡하다. 환율 결정을 시장에 맡기는 변동환율제와 권력국가이 환율 결정권을 장악하는 고정환율제의 중간 정도라 이해하면 쉽다.

위안화 환율은 3가지 변수로 결정된다. 시장수급, 복수통화바스켓 변동, 정부 개입이다. 하지만 최종적으로 환율 고시권을 정부중앙은행가 행사하므로 실질적으론 중국 정부가 환율을 결정한다고 할 수 있다.

중국 중앙은행인 인민은행은 매일 외환시장 개장 직전 시장참여자들의 호가를 받아 이를 가중평균한 기준환율을 당일 고시한다. 시장환율은 이 기준환율을 중심으로 일일 변동 폭인 ±2% 내에서 움직인다. 예를 들어, 특정일에 대달러 환율이 6.0이라면 여기에 2%인 0.12씩 상하로 움직일 수 있다. 위쪽으론 6.12, 아래로는 5.88까지 움직일 수 있다는 거다.

기준환율 즉, 고시환율이 정해지는 방식을 좀 더 자세히 살펴볼 필요가 있다. 위안화 환율 역시 시장수급이 중요한 결정 요소다. 하나, 그 못지않게 복수통화바스켓에 속한 통화 움직임이 위안화 환율을 결정한다. 위안화 환율을 결정하는 복수통화바스켓은 달러, 엔, 유로

등 11개 통화로 구성되는 것으로 알려졌다. 개별 통화는 그 비중이 공개되지 않는다. 이를 보면 위안화가 고시환율을 결정하는 데 어떤 변수가 제일 큰 영향을 미치는지를 알 수 있다. 바로 중국 당국의 주관적 개입이 결정적인 역할을 한다고 할 수 있다.

그렇다면 왜 중국은 유별나게 관리변동환율제를 채택하고 있나? 아무래도 환율 안정성을 중요한 가치로 생각하기 때문일 것이다. 사실, 이 방식은 정부가 시장에 적극적으로 개입한다는 점에서 고정환율제에 가깝다. 환율 변동 폭이 커지면 자본이 들어오고 나가는 것을 통제하기 어렵다. 중국 당국은 이를 걱정한다. 중국 당국은 아직 변동환율제에 충분한 자신감이 없다. 아직 자본 유출입을 직접 통제할 필요가 있다고 보는 것이다.

그러나 중국이 명실상부한 G2가 되려면 위안화를 국제화하는 작업이 필수다. 국제화란 곧 기축화를 의미한다. 특정 통화가 기축화하려면 몇 가지 조건을 충족해야 한다. 안정적 환율, 무역거래 때 결제수단으로써 이용 가능성, 유동성, 통화발행국의 국제통화화 의향 등이 척도가 된다. 현재 위 기준을 충족하는 통화는 달러가 거의 유일하다. 유로, 파운드, 엔 같은 통화는 달러와 비교해 뭔가가 부족하다. 위안화는 말할 필요도 없다. 특히 달러만큼 유동성을 확보한 통화는 없다. 국제결제은행에 따르면 세계 외환거래에서 약 절반 정도가 달러 거래다. 압도적이다. 이게 현실이다. 달러 패권에 불만을 토로해도 세계는 여전히 달러 시스템에 강력히 묶여 있다.

진정한 기축통화가 되려면 무엇보다 안정적으로 꾸준히 국제거래를 위해 통화가 공급되어야 한다. 미국은 막대한 무역적자를 감수하면서 산유국들과 일본, 중국 등 다른 국가들에서 수많은 물품을 수입해왔다. 글로벌 경제에서 최종소비자 역할을 자처한 것이다. 물품을 생산해 미국에 팔아 번 달러는 외환보유고가 됐다.

물품을 생산한 나라는 그 돈으로 다시 미국 국채를 매수한다. 결국, 달러는 다시 미국으로 회귀했다. 이상한 일이지만, 세계는 가장 부유한 국가인 미국에 벤더 파이낸싱Vender Financing, 물건 판매자가 구매자에게 자금을 지원하는 행위 역할을 한 것이다.

하지만 최근 이런 흐름에 변화가 생기고 있다. 이는 위안화가 국제적으로 부상할 수 있는 중요 변수로, 미국이 달러 공급을 줄일 조짐을 보이는 것이다. 그렇게 되면 타 통화가 그 자리를 대체할 수밖에 없다. 위안화는 그 틈을 비집고 기축화, 국제화의 길을 가려 하고 있다. 충분히 가능한 일이다.

미국의 무역적자 반전

미국의 막대한 무역수지 적자가 금융위기 이후 급속히 개선되고 있다. 2007년 국내총생산GDP 대비 경상수지 적자 비율은 6%에 달했다. 하지만 2014년 말 기준으로 그 비율은 2.4%까지 줄었다. 적자 규모 감소 폭이 가파르다. 금융위기로 비롯된 세계 경기침체 상황을 고려할 때 실로 엄청난 반전이라 하지 않을 수 없다. 문제는 지금부터다. 미국의 적자 감소 폭은 점차 커질 전망이기 때문이다. 미국의 적자는 에너지 붐과 제조업 르네상스로 급속히 줄어들 것이다.

미국이 20세기 패권을 장악할 수 있었던 까닭은 중동 오일을 자기 세력에 가둘 수 있었기 때문이다. 하지만 21세기 들어 그 장악력은 현저히 떨어진 상태다. 이때 반전의 기회가 왔다. 미국에서 엄청난 오일과 가스가 발견된 것이다. 아니, 이를 싼 가격으로 캐낼 기술 혁신을 이뤘기 때문이다.

미국발 에너지 르네상스는 현실이 되고 있다. 이는 단순히 에너지 부문에서 경쟁력 강화만을 의미하지 않는다. 미국 제조업체는 값싼 오일과 가스를 이용해 부가가치 높은 제품을 생산할 수 있게 되었다. 이로써 미국 제조업체는 가격경쟁력에서 우위에 설 수 있는 토대를 마련하게 됐다. 몇 년 내 미국 첫 번째 액화천연가스LNG 터미널이 완공되면 부가수출액만 연 800억 달러에 이를 거라는 전망도 있다.

미국 제조업은 부활하고 있다. 자국 내에서 생산되는 값싼 에너지는 에너지·화학 기업의 경쟁력을 높였다. 이뿐만이 아니다. 미국은 첨단기술 분야에서 세계를 압도한다. 특히, 로봇공학과 IT 분야에서 성장이 눈부시다. 3D 프린팅과 같은 신기술로 미국은 노동력을 적게 들이면서도 더 많은 제품을 생산해내고 있다.

이 두 가지 변화는 많은 의미를 담는다. 적자 왕국이란 오명을 듣는 미국이 그 적자를 줄여나가고 있다는 얘기다. 미국은 현 추세대로라면 에너지 자립이 2020년경에 가능할 것으로 전망된다. 그날이 오면 무역적자와 경상수지 적자 폭은 상당히 줄어들 것이다.

그럼 미국의 무역흑자가 세계에 의미하는 바는 무엇일까? 우선 현재 글로벌 무역시스템에 일대 혼란이 생긴다. 글로벌 무역 중 가장 큰 비중을 차지하는 것은 두 가지다. 미 달러와 산유국 오일의 교환, 미 달러와 아시아 생산 제품과의 교환이란 두 축이 글로벌 무역의 핵심축이다. 그런데 미국이 에너지를 자립하면 먼저 미 달러와 산유국 오일 간 교환 등식이 깨진다. 한편, 미국 제조업이 부활하면 아무래도 미국은 아시아산 제품 수입을 줄이게 될 것이다. 이는 결국 현 무역시스템이 변화하거나 붕괴한다는 걸 의미한다.

미국 무역흑자는 단순히 무역시스템에만 영향을 끼치는 게 아니다. 현재 달러 기축통화시스템 또한 변화를 겪을 수밖에 없다. 일단 달러 유동성이 줄게 된다. 미국이 오일과 상품을 수입하면서 세계에 공급하던 막대한 달러 양이 감소한다. 다시 말해, 미국 역외로 이동하는 달러 양이 상당량 줄어들게 된다.

달러가 기축통화가 된 이래 세계는 미국의 무역적자로 유지되어 왔다는 걸 상기할 필요가 있다. 달러 유동성이 감소하면 다른 통화가 그것을 반드시 메워줘야 한다. 그래야 세계는 지속적 성장을 할 수 있다. 위안화의 기축통화화 혹은 국제화 가능성은 그래서 커진다.

위안화의 국제화 가능성

미국이 무역수지 흑자를 계속 추구하면 달러 강세는 필연이다. 그 결과 달러 유동성이 점차 줄어들 것이 분명하다. 이것은 미국 밖의 국가들에 매우 중요한 의미가 있다. 아시아 역시 달러시스템이 지배했다. 아시아는 미국의 공장 역할을 하면서 달러를 벌어 타국과 거래했다. 하지만 이런 흐름은 달러 공급이 감소하면서 바뀌게 될 것이다. 이미 위안화는 달러시스템의 빈틈을 파고들고 있다. 위안화는 끊임없이 국제화를 시도한다. 2013년 현재 위안화는 세계 10대 거래 통화 중 하나가 됐다. 몇 년 전만 해도 상상할 수 없던 일이다.

이 같은 변화는 중국이 비교우위가 있기에 가능하다. 홍콩이다. 보통 국제화한 금융센터를 만드는 데는 50년이 걸린다고 한다. 중국이 홍콩이란 든든한 금융센터를 보유하고 있으니 가히 50년을 번 셈이다. 홍콩은 금융센터 역할을 훌륭히 소화하고 있다. 사실 중국은 대홍콩 전략이 단순하다. "너도 우리를 귀찮게 하지 마라. 그럼 우리도 너에게 일절 간섭하지 않겠다."는 것이다. 이 때문에 홍콩은 금융센터로서 그 지위를 줄곧 유지할 수 있었다. 하지만 2012년경부터 그 기조가 바뀌었다. 중국 본토가 직접 나서서 홍콩을 통해 위안화의 국제화를 적극적으로 추진하고 있다.

사람들은 눈에 보이는 것만 얘기한다. 중국에서 경제 성장이 느려지고 이 때문에 수출이 타격을 받는다는 것이 대표적이다. 하지만 눈에 보이지 않는 흐름 중 하나가 있으니 바로 느리지만 확고하게 자국 통화인 위안화를 국제화하는 데 발 벗고 나섰다는 것이다.

중국은 서서히 자본 통제를 풀고 있다. 구체적으로 깊고도 유동성이 풍부한 자본시장을 만들어나가고 있다. 위안화는 비교적 빠른 속도로 국제화하고 있다. 이 과정은 역사적 경험으로 보면 빛의 속도로 진행될 것이다. 국제결제통화비중을 보면 이를 잘 알 수 있다. 2015년 8월 위안화가 국제결제통화에서 차지하는 비중은 2.79%이다. 마침내 엔화2.76%를 제치고 4위 결제통화로 올라선 것이다. 이런 놀라운 변화 이면에는 중국 정부의 강압적인 위안화 국제화 육성 정책이 있다.

중국에서 이뤄지는 수출과 수입에서 위안화 무역 결제액 비중을 보면 대부분이 수입약 90%에 치우쳐 있다. 자기들 수입처를 압박해 반강제로 위안화 결제를 시도하고 있다고 봐야 한다. 아직은 달러와 비교해 미약한 것이 사실이다. 위안화가 본격적으로 국제화하려면 5년에서 10년 정도의 시간은 더 필요하리라는 게 중론이다.

SK증권이 2105년 10월에 발표한 보고서를 보면 위안화가 국제결제통화 중 4위를 차지했는데, 여기엔 상당한 의미가 내포되어 있다. 게다가 이 순위는 위안화가 자유롭게 거래되기 시작하면 다시 상승할 가능성이 크다. 물론 아직은 미 달러, 유로와는 많은 격차가 있다. 하지만 거듭 말하지만, 중국은 신흥국 중에서는 거의 유일하게 성숙하면서도 신뢰할 수 있는 금융센터를 가졌다. 이 센터는 깊고 유동성이 풍부한 자본시장이다. 그런 면에서 중국은 자국 통화를 기축화하는 데 쓸 좋은 무기를 하나 소유하고 있다고 볼 수 있다. 그리고 분명한 성과도 있다.

세계 경제사에 기록될 중요한 '사건'이 발생했다. 올 초 아시아인프라투자은행AIIB 결전에서 미국의 공세를 꺾었던 중국이 사상 처음으로 위안화의 기축통화 편입에 성공한 것이다.

IMF는 30일현지 시각 열린 집행이사회에서 위안화의 국제통화기금IMF 특별인출권SDR 통화바스켓 편입을 결정했다. 이로써 위안화는 미국 달러화, 유럽연합EU 유로화, 영국 파운드화, 일본 엔화에 이어 SDR 바스켓에 편입되는 5번째 통화가 됐다.

위안화의 SDR 바스켓 편입 비율은 10.92%로 정해졌다. 이는 미국 달러41.73%, 유로화30.93%에 이어 3번째로 높다. 엔화8.33%와 파운드화8.09% 비율은 위안화보다 낮아졌다. 이로써 위안화는 이날 편입 결정과 동시에 세계 3대 통화로 급부상하게 됐다.

- 연합뉴스. 2015. 12. 01.

중국은 '통화 굴기'를 이루게 됐다. 위안화는 분명 도약의 전기를 맞았다. 위안화로서는 낭보가 아닐 수 없다. IMF의 특별인출권은 국제화·기축화의 전제조건이라 할 수 있다. 특별인출권SDR, Special Drawing Rights이 갖는 가장 큰 의미는 그것이 준비자산 역할을 한다는 것이다. IMF 회원국들은 자국이 보유한 SDR 규모 내에서 '자유가용통화freely usable currency'로 교환이 가능하다. 자유가용통화는 달러·유로·파운드·엔을 말하는데, 이들은 SDR 가치를 결정하는 통화바스켓을 구성하는 통화들이다.

IMF는 브레턴우즈체제가 붕괴하면서 그 핵심에 있던 금과 달러를 대체할 국제준비자산으로 SDR을 만들었다. 그리고 1970년 최초로 회원국들에 배분됐다. 특정 통화는 시간에 따라 가치가 변하는데, SDR 역시 마찬가지다. 현재 SDR은 그 가치를 복수통화에 연결해 산출하는 바스켓방식을 사용한다. 바스켓에는 주요 통화인 달러·유로·파운드·엔이 포함된다.

SDR의 화폐 구성과 통화별 가중치는 5년마다 논의를 거쳐 정한다. 가장 최근인 2011년에는 달러화 41.9%, 유로화 37.4%, 파운드화 11.3%, 엔화 9.3% 등으로 조정됐다. 중국은 위안화를 이 바스켓 안에 넣으려고 계속 노력했는데, 2015년 말에 드디어 목적을 달성한 것이다.

기사대로 위안화의 SDR 바스켓 편입 비율은 10.92%로 정해졌다. 이는 미국 달러41.73%, 유로화30.93%에 이어 3번째로 높다. 엔화8.33%와 파운드화8.09%의 비율은 위안화보다 낮아졌다. 이로써 위안화는 이날 편입 결정과 동시에 세계 3대 통화로 급부상하게 됐다. 동시에 다른 통화들의 편입 비율은 상대적으로 조금씩 줄어들었다. 그렇다면 어떤 조건을 충족해야 SDR 바스켓 통화가 되는 걸까? 이는 위안화의 위상을 파악하는 데 중요한 열쇠가 된다.

우선 SDR 바스켓 통화가 되려면 국제거래에서 지불수단으로 널리 사용되어야 한다. 또 주요 외환시장에서 널리 거래되는 통화여야 한다. 그렇다면 위안화는 이를 얼마나 만족할까? 일단 앞에서 살펴봤듯 위안화는 이들 조건을 어느 정도 충족한다. 다만, SDR 바스켓 통화 조건으로 공식화된 '자유가용통화freely usable currency'라는 조건을 충족하느냐가 문제다. 그 여부는 외환 거래량, 선물환시장 존재,

해당 통화 표시거래의 매수매도 스프레드 등이 바탕이 돼야 한다. 다시 말해, 외환거래가 언제 이루어져도 매매 때문에 급격한 환율 변동이 발생하지 않을 정도의 폭과 깊이를 가진 외환시장이 존재해야 한다는 것이다.

현재 위안화는 결제통화 비중으로 4위까지 올라왔다. 그렇지만 위안화는 여전히 태환성 문제를 해결하지 못하고 있다. 동시에 중국은 자유변동환율제도를 채택하지 않고 있다. 정부와 중앙은행이 위안화 가치를 정한다는 점에서 기존 바스켓 내 선진국 통화와는 다르다. 자유롭게 거래할 수 있는 통화냐 하는 데는 여전히 의문이 있다.

중국 역시 이런 한계를 잘 안다. 그런데도 중국이 위안화를 SDR 통화 바스켓 안에 넣고자 애를 쓴 데는 이유가 있다. 자기들 경제 위상에 걸맞은 위안화의 영향력을 갖고 싶은 것이다. 실리적으로는 '달러 함정dollar trap'에서 탈피하고자 하는 목적이 제일 크다고 할 수 있다. 중국은 미국 국채를 제일 많이 가진 국가다. 하지만 그 때문에 중국은 미국 국채를 마음대로 매도할 수 없다. 달러 자산을 매각하는 순간 자국의 보유자산 가치도 급락하기 때문이다. 이를 '달러 함정'이라고 한다. 한데, 위안화가 SDR 바스켓에 포함됨으로써 중국은 미국 국채 보유에서 상대적으로 자유로워질 뿐만 아니라 동시에 장기적으로 달러 함정에서 벗어날 수 있게 됐다. 위안화가 기축통화가 되는 순간 외환위기를 근본적으로 차단할 수 있기 때문이다. 미국이 달러가 부족하다고 외환위기가 터지지 않는 이치와 같다.

위안화가 SDR에 편입됨으로써 위안화는 기축통화 반열에 오르게 됐다. 이로써 기축통화 발행에 따른 시뇨리지seigniorage 효과를 누릴 수 있게 됐다. 시뇨리지란 중앙은행이 발행한 화폐 가치화폐 액면가에서 발행 비용화폐 제조비용+유통비용을 뺀 차액으로, 중앙은행의 독점적 발권력으로 발생한다. 특정 통화가 기축통화가 된다는 말은 세계를 대상으로 시뇨리지 효과를 누리게 된다는 의미다. 미국은 달러 시뇨리지로 연 500억 달러 이상의 효과를 보는 것으로 추정된다. 중국 역시 이를 노리고 있다.

위안화의 기축통화화는 한편으로 자금을 효율적으로 조달하는 최고의 방법이다. 현재 국제 채권시장의 발행 통화는 대부분 달러, 유로, 파운드, 엔에 집중되어 있다. 중국은 그 경제 규모와 비교하면 자금조달에 제한을 받는다. 위안화가 SDR에 편입돼 기축통화화됨으로써 낮은 금리로 자금 조달이 가능하게 됐다.

동시에 중국은 통화정책을 한층 더 탄력적으로 운용할 수 있다. 더욱 쉽게 경기부양에 나설 수 있게 된 것이다. 중국은 2015년 들어 경제 둔화가 심각한 상황이다. 위안화 가치가 폭락할 수 있으니 금리 인하 같은 조처로 유동성을 급격히 늘리지 못하고 전전긍긍했던 게 중국 형편이기도 했다. 하지만 기축통화국은 경기부양에 적극적인 통화정책을 쓸 수 있다. 달러와 같이 어느 정도 돈을 찍어내도 국외 수요가 있으므로 통화가치 폭락을 막을 수 있기 때문이다. 한 마디로, 금리 가용성이 대폭 커졌다.

가장 중요한 것은 위안화가 국제 보유통화reserve 지위를 확보한다는 점이다. 특정 통화가 국제화하는 단계는 보통 무역결제통화에서 투자통화로 그리고 다시 보유통화Reserve로 진화한다. 마지막 단계까지 오르려면 '신뢰'가 필수다. SDR 편입으로 국제 보유통화가 됐다는 얘기는 그만큼 해당 통화의 '신뢰도'가 높아진다는 뜻이다. 비로소 진정한 국제화가 가능하게 됐다는 의미이기도 하다.

다만, SDR의 영향력이 생각보다 크지 않다는 게 문제다. 아직 SDR이 글로벌 경제에서 차지하는 위상은 미미하다. 최근 들어 SDR 역할 확대와 바스켓 변동을 두고 논의가 활발하게 이뤄지고 있어 그 위상도 앞으로는 높아질 수 있겠으나, 여전히 세계는 SDR보다는 달러시스템에 묶여있는 게 현실이다. 유로와 엔은 SDR 편입 통화지만 여전히 달러에 비하면 그 위상이 현저히 낮다. 이 때문에 위안화가 SDR에 편입됐다고 해도 단시간에 중국이 얻을 수 있는 혜택은 그리 많지 않다고 보는 게 옳다.

위안화가 진정한 기축통화가 되려면

위안화가 진정한 의미의 기축통화가 되려면 달러시스템 못지않은 혹은 그것을 능가하는 장점이 있어야 한다. 현재로썬 많이 부족하지만, 가능성은 열려 있다. 중국은 세계 2위의 경제 대국이자 최대 수출국이다. 중국 제품을 사려는 사람도 많고 중국에 투자하려는 사람도 엄청나다. 이들은 위안화를 원한다. 이로써 한 가지 조건은 만족한다. 많은 사람이 소유하기를 원한다는 측면에선 위안화도 국제통화가 될 가능성이 충분한 것이다. 하지만 그 가능성을 현실화할 수 없는 치명적 약점인 '유동성 부족'을 헤쳐나가야 한다. 달러는 전 세계에 퍼졌지만, 위안화는 그렇지 못하다. 위안화가 안고 있는 태생적, 구조적 한계 탓이다.

중국은 수출로 경제 성장을 이뤘다. 이것은 위안화의 국외 유출을 막는 걸림돌이 된다. 수출보다 수입 비중이 높아야 위안화 유출이 늘어 자연스레 유동성이 확대되는데 중국은 정반대다. 실제로 달러가 기축통화가 된 건 미국이 수출보다는 수입이 더 큰 내수 위주의 경제 체제를 유지한 덕분이다.

중국도 '트리핀의 딜레마'에서 예외일 수 없다. 트리핀의 딜레마는 기축통화가 떠안을 수밖에 없는 운명이다. "미국이 경상수지 적자를 허용하지 않고 국제유동성 공급을 중단하면 세계 경제는 크게 위축된다. 하지만 지금과 같이 미국의 적자상태가 지속하면 달러화 가치가 하락해 준비자산으로서 신뢰도가 떨어지고 고정환율제도 붕괴하고 말 것이다."

이게 트리핀의 딜레마다. 한 국가의 통화가 기축통화인 경우, 필연적으로 생겨날 수밖에 없는 진퇴양난의 상황을 잘 표현하고 있다. 기축통화의 전제조건은 국제수지 적자다. 다른 말로 하면, 무역적자를 내는 대신 통화를 수출해야 한다. 혹은 해외에 막대한 투자를 해야 한다. 달러가 글로벌 통화가 된 건 세계 인민이 그들 손에 언제든 달러를 가질 수 있었기 때문이다. 똑같다. 위안화가 국제통화가 되기 위해선 세계 인민이 그들 손에 위안화를 쥐고 있어야 한다. 중국의 경상수지 적자는 필수다.

　그러나 최근까지 중국은 경상수지와 자본수지 모두에서 흑자를 내고 있다. 그 결과 중국은 2015년 7월 기준으로 약 3.5조 달러에 달하는 엄청난 외환보유고를 축적했다. 만약 중국이 무역적자를 기록하지 않거나 해외 투자를 촉진하지 않는 한 중국 외환보유고는 쌓이기만 할 것이다. 달러는 반대급부로 계속 늘어만 갈 것이다. 이 말은 중국의 달러 의존도가 심화하고 동시에 위안화 유동성은 정체된다는 것을 뜻한다. 위안화가 국제적 역할을 하려면 중국경제에 극적인 변화가 있어야 한다. 과연 짧은 시간에 이 과업이 가능할까?

　중국 정부가 자본시장에 간섭하는 일 또한 장애물이다. 자본의 자유로운 유출입을 억지로 봉쇄되는 한 위안화가 국제통화로 부상한다는 것은 언어도단이다. 중국이 정말로 위안화의 국제화를 원한다면 먼저 자본시장을 완전히 개방해야 한다. 자본시장 개방은 결국 외환시장을 연다는 것인데 그러면 중국 역시 '트릴레마_{삼중고, trilemma}' 또는 '불가능한 삼위일체impossible trinity'에 빠지게 된다. 어떤 국가도 자본의 자유로운 유출입·고정환율제·독립적 통화정책을 통한 통화 안정성을 동시에 이룰 수 없다. 이들 중 하나는 포기해야 한다. 변동환율제를 택하면 자본 이동이 원활해져 국제 유동성을 확보할 수 있으나, 독립적으로 통화정책을 운용할 수는 없다. 물론 통화 안정성도 보장할 수 없다. 가까운 미래에 중국 당국이 이를 용인할까. 그 가능성 역시 매우 적다.

　무엇보다 위안화가 달러를 대체할 수 있으려면 중국의 대미 경제

의존도가 지금보다 줄어야 한다. 하나, 금융위기 이후 중국 경제는 외려 미국 의존도가 커졌다. 이는 유로존의 재정 위기에 기인한다. 신화통신에 따르면 2012년 9월까지 중국의 최대 수출 파트너였던 유럽연합에 대한 수출은 2.7% 하락했다. 대일본 수출 역시 영토분쟁 여파 등으로 1.8% 하락했다. 반면, 대미국 수출은 9.1% 늘어 다시 최대 파트너가 됐다. 2014년에도 중국의 대미 수출은 계속 늘어났다. 이는 시사하는 바가 크다. 한쪽이 다른 쪽에 미치는 영향력이 클수록 기존 체제를 바꾸는 건 어려워진다. 중국의 최대 수출 시장이 미국인 한, 기존에 만들어진 틀을 깨는 건 불가능하다. 특정 경제가 타 경제에 의존할수록 통화 종속도 그만큼 커진다. 미국이 무역결제 통화를 위안화로 바꿀 가능성은 거의 없기 때문이다.

적어도 아직은 위안화를 달러와 일대일로 비교하는 건 어리석은 일이다. 그렇다고 위안화가 국제통화의 길로 갈 수 없다는 말은 아니다. 공은 중국 당국에 넘어갔다. 장애물과 기회가 동시에 존재하는 문을 열고 리스크와 보상이 함께하는 길을 가느냐는 오직 중국 스스로 판단할 문제다.

SDR 통화바스켓 편입 결정으로 위안화는 미국 달러화의 어깨를 견줄 토대를 마련한 셈이다. 중국은 미국이 주도하는 단일 체제를 다극 체제로 바꾸고 싶어 한다. 이 욕망이 외교, 군사, 경제 등 각 분야에서 미국과 갈등을 유발하고 있다. 미국이 이끄는 아시아개발은행ADB과 세계은행WB 등에 대항하는 새로운 국제은행인 아시아인프라투자은행AIIB을 주도하며 기존 국제금융질서에 도전장을 냈다. 이 은행은 위안화의 국제화를 위한 튼튼한 초석 역할을 할 것이다.

현실적으로 중국이 가고자 하는 길은 매우 험난할 것이다. 자국 통화를 국제화하려면 자본과 외환 시장 개방이 필수다. 이는 금융부문의 병폐와 치부를 온 천하에 공개하는 일이기도 하다. 다른 나라가 그랬듯 중국 역시 예외일 수는 없다. 게다가 기축통화가 되려면 금융시스템이 절대적으로 투명해야 한다. 한데 중국에서 금융은 정부의 절대적인 영향력 아래에 있다. 베일에 가려있다 해도 과언이 아니다. 게다가 중앙은행 독립성 등에 대한 신뢰가 담보돼야 하는데 중국은 아직 이 부분에서 많이 부족하다. 이 때문에 중국에서는 금융시스템이 전반에 걸쳐 그것도 대대적으로 혁신되어야만 한다. 곳곳이 암초인 험난한 길, 그 행보가 생각보다 느릴 수밖에 없는 이유다.

뉴노멀 차이나
: 고난의 여정

중국증시가 급락하면서 시진핑 중국 국가주석의 '신창타이뉴노멀' 정책에 빨간불이 켜졌다. 시 주석은 7%대 성장률 유지와 거시경제의 안정을 최우선 과제로 내세우고 있다. 그러나 증시 거품이 붕괴할 조짐을 보이면서 이런 정책이 흔들리고 있다.

■ 이투데이, 2015. 07. 03.

21세기 초는 중국의 시대였다고 해도 과언이 아니다. 지난 15년, 중국 경제 성장은 더는 중국만의 것이 아니었다. 세계 공장을 넘어 세계 경제에 희망으로 자리매김했다. 한국을 비롯한 수많은 아시아 국가, 오스트레일리아와 브라질과 같은 자원 부국 등이 중국의 경제 성장에 기대 경제를 꾸려왔다. 이는 세계 경제에 핵이 됐다. 동시에 중국은 미국과 어깨를 겨눌 힘을 가진 패권국으로 성장했다.

달러와 위안 전쟁 141

한데 그 핵에 이상이 생겼다. 두 자릿수를 구가하던 성장률이 2015년 2분기 간신히 7%대를 유지하고 있는 것이다. 이 수치도 엄청나지만 세계 경제에 심장 역할을 하기엔 미흡하다. 게다가 주식시장을 포함한 자산시장마저 파열음을 내고 있다. 이는 중국만의 문제가 아니다. 자칫 세계 경제에 악영향을 끼칠 수 있다. 거인이 쓰러지면 지축이 흔들린다.

중국 경제는 정체가 불가피했다. 수출과 투자에 기초한 경제 구조는 한계에 달했으며 그나마도 거품이 가득한 상황이다. 중국 역시 이를 잘 안다. 이 때문에 경제 구조를 바꾸고자 총력을 기울이고 있다.

왜 뉴노멀인가?

중국 당국은 '뉴노멀new normal'이란 이름으로 비정상의 정상화를 꾀하고 있다. 시대 변화에 따른 새로운 정상 상태, 신질서라는 의미로 중국에서는 '신창타이新常態'로 불린다. 시진핑이 주장하는 새로운 국가 경영 패러다임이라고 할 수 있다. 넓게는 정치, 경제, 사회, 문화 등 전반을 아우르는 개념이지만 좁게는 경제적인 측면에서의 패러다임이라 볼 수 있다.

사실, '뉴노멀'이란 용어를 처음 사용한 것은 중국이 아니다. 이 말을 처음 사용해 퍼뜨린 사람은 핌코의 CEO였으며 현재는 알리안츠 수석 경제고문인 모하메드 엘 에리언Mohamed El Erian이다. 그는 저서《시장이 충돌할 때When Markets Collide》를 통해 2008년 이후 세계 경제는 저성장, 저소비, 고실업, 규제 강화, 빈부 양극화의 세상이 됐다고 주장했다. 그리고 이 현상을 비정상이 아닌 정상으로 받아들여야 한다고 강조했다. 단기적 현상이 아니라 장기적 추세가 될 거로 전망했다.

중국은 이 새로운 용어에 환호할 수밖에 없다. 지난 한 세대 이상 10%대 고도성장을 구가해오던 성장률이 흔들린다. 2012년부터 중국 성장률은 7%대에 머물고 있다. 2014년 중국 국내총생산GDP 성장률은 7.4%에 머물러 24년 만에 가장 낮은 수준을 기록했다. 개혁 개방 이후 35년간 연평균 10%에 육박하는 초고속 성장세와 비교하면 확연한 둔화다. 이는 중국 정부에는 치욕이다. 사회주의 시장경제 체제에서 모든 실패는 결국 정부 책임이다. 이때 시진핑 지도부는

중국 GDP 성장률

SOURCE: WWW.TRADINGECONOMICS.COM | NATIONAL BUREAU OF STATISTICS OF CHINA

'뉴노멀'이란 구세주를 만났다. 개혁개방 이래 신줏단지 모시듯 해온 '규모와 속도'를 폐기할 명분을 얻은 셈이다. 7%대 성장 둔화를 수용할 명분을 찾은 것이다. 그것이 바로 신창타이였다.

중국이 신창타이를 선언한 것은 그리 오래되지 않았다. 시진핑 주석은 2014년 10월 APEC 아시아태평양경제협력체 회의에서 '중국 경제는 신창타이 시대에 진입했다.'고 선언했다. 그리고 그해 12월 공산당 중앙경제공작회의를 통해 뉴노멀은 중국 경제정책에서 새로운 지향점으로 확정됐다. 2008년 글로벌 금융위기 이후 서구에서 태동한 뉴노멀이란 용어를 6년 후인 2014년 중국이 빌린 것이다.

중국 국내총생산GDP은 2014년 기준으로 10조 달러를 웃돈다. 경제규모가 커진 만큼 7% 정도 성장만으로도 지속적인 일자리 창출이 가능하다고 중국 당국은 판단했다. 물론 이를 10%대 고속성장이 더는 불가능함을 인정했다고 보는 것도 맞다. 또는 고도성장을 지속하기 위해 무리수를 두는 것보다 어떻게 하면 연착륙시킬 것인가에 초점을 맞췄다고도 볼 수 있다.

정리하면 다음과 같다. 뉴노멀이란 금융위기 이후 경제주체 즉, 가계·기업·정부가 부채 축소에 나서면서 저성장·저소득·저수익률 등 3저 현상이 새로운 표준이 된 현상을 말한다. 그에 따라 저소비, 고실업률, 미국 경제 역할 축소 등이 나타날 것이라는 전망이다. 즉, 경기침체가 구조적으로 고착화한 상황을 말한다. 이보다, 중국의 신창타이는 성장률 목표를 낮추는 대신 지속적인 성장을 담보할 수 있도록 성장 패러다임을 전환하겠다는 의미가 있다. 성장 속도는 늦추되 성장의 질과 지속가능성에 방점을 두겠다는 새로운 성장 전략이다.

중국은 신창타이에 걸맞은 구체적 수단을 정했다. 그중에서도 눈여겨봐야 할 것이 두 가지다. 일대일로—帶—路 정책과 경제 구조 전환이다. 투트랙 전략이다. 대외적으론 '신실크로드' 프로젝트를 통해 인프라 투자를 유지하고, 대내적으론 거품에 휩싸인 경제 부문의 '구조조정'을 통해 성공적으로 소비자 역량을 키우는 것 즉, 내수 역량을 높이겠다는 것이다. 경제구조를 제조업 중심에서 서비스업으로, 투자 중심에서 소비 위주로 바꾸겠다는 것이다. 그렇다면 중국의 이런 전략은 성공할 수 있을까? 그 길은 탄탄대로일까?

만만치 않은 도전

중국은 '신실크로드' 추진에 역량을 집중하고 있다. 인프라 투자로부터 성장을 지속하려는 전략으로, '일대일로'라 정의하는 이 거대한 프로젝트는 육상과 해상을 아우르는 신실크로드 경제권을 형성하겠다는 뜻이다. '일대—帶'는 여러 지역이 통합된 '하나의 지대'를 가리킨다. 구체적으로는 중국－중앙아시아－유럽을 연결하는 '실크로드 경제 벨트'를 뜻한다. 여기에 러시아도 포함된다. 즉, 새로운 육상 실크로드다. '일로—路'는 해상으로 이어진 '하나의 길'을 가리킨다. 동남아시아－서남아시아－유럽－아프리카로 이어지는 '21세기 해양 실크로드'다. 신실크로드는 2050년까지 이어질 중국의 대외 비전이

자 장기 전략이다.

육상과 해양 실크로드가 중국이 꿈꾸는 방식으로 건설되면 고대 실크로드와 같이 세 개 대륙이 연결된다. 아시아, 유럽, 아프리카가 일대일로로 이어지는 셈이다. 세계에서 가장 큰 경제 회랑이 만들어진다. 이 지역에 거주하는 인구는 44억 명, 경제적 산출물은 21조 달러에 달한다.

이 거대한 계획은 300여 개에 달하는 투자 프로젝트로 구성된다. 가히 인류사 최대 규모다. 실제로 성공한다면 세계 경제의 판도를 바꿀 정도로 파괴력이 있다. 인프라 프로젝트가 경기 자극과 단기적 성장책으로써 유용한 것도 부정할 수 없다.

그러나 함정은 도사린다. 대부분 인프라 투자는 낭비로 끝난다. 올림픽 경기를 치른 후 처치 곤란 상태가 된 경기장과 주변 인프라가 대표적인 예다. 게다가 신실크로드는 국경을 넘어 진행되는 프로젝트다. 나라마다 법과 규정에 차이가 나고 정치적 환경도 시간이 지나면 바뀔 가능성이 크다. 당연히 그 앞날을 성급히 장담할 수 없다. 실제로 이런 일이 벌써 현실이 되고 있다.

중국은 파키스탄 과다르에 지난 몇 년 동안 심해항구를 건설해왔다. 이 항구는 이란과 파키스탄을 잇는 천연가스 파이프라인의 시발점으로 최종적으로는 중국까지 확장될 예정이다. 한데, 그 성공을 장담하기 어렵다. 산맥 몇 개를 관통해야 하는 건설 과정도 매우 험난할뿐더러 설사 완공된다 해도 인도와 경쟁으로 그 경제성에 의문이 제기되고 있다. 인도는 미국과 연합해 파이프라인을 건설할 방도를 찾는 중이다. 물론 중국-파키스탄 파이프라인에 대응하기 위해서다.

중국은 정체된 성장에 신실크로드 프로젝트를 돌파구로 삼고 싶어 한다. 하나 그 효과는 의문이다. 중국 국내총생산GDP은 2014년 기준으로 약 10.4조 달러에 달한다. 신실크로드에 투자되는 액수는 한 해에 국내총생산GDP의 1% 정도 된다. 이 정도 투자로 성장의 기폭제가 되리라 기대하는 건 어리석다. 게다가 대부분이 인프라 투자다. 단기적 효과는 어느 정도 낼 수 있겠으나, 장기적 성장 동력원으론 미진하다.

사실 신실크로드 프로젝트는 경제적 효과보다는 지정학적 중요성이 더 크다. 신실크로드로 중국은 유라시아 패권 경쟁에서 미국보다 우위에 설 수 있음을 확실히 보여줄 수 있다. 무엇보다 국내에 쌓인 투자 거품을 외부로 전개할 수 있다. 내부 갈등이나 불만을 외부로 투사시킬 수도 있다. 그런 의미에서 이 프로젝트는 경제를 넘어 정치 프로젝트화되어가고 있다.

거품 낀 중국 경제의 구조조정은 또 어떤가? 이 또한 만만치 않은 도전임이 증명되고 있다. 중국은 신용, 투자, 부동산 부문에 거품이 껴있다. 한데, 이 거품트리플 버블이 꺼지려 하고 있다. 조짐은 곳곳에서 발견된다. 생산자가격은 디플레이션 조짐을 보이고 은행예금 역시 사상 최저 수준이다. 반면 외환 유출은 점차 심각해지고 있다. 거기에 더해 중국 가계 자산 대부분을 차지하는 부동산 가격마저 내려가는 추세다.

이런 마당에 주식시장마저 붕괴 조짐을 보인다. 이는 중국 정부가 수십 년 동안 해왔던 노력을 일시에 물거품으로 만들 수 있다. 중국 정부가 주식시장을 키운 건 의도가 있어서다. 경제 구조조정에 주식시장의 안정적 성장이 필요했다. 특히, 다음과 같은 이유 때문이었는데, 먼저 중국 정부는 은행에 쌓여있는 저축이 실물경제에 투자되기를 원했다. 인민의 예금이 자산시장에 투자되기를 바란 것이다.

또 과다 부채를 안고 있는 기업부문의 구조조정에도 주식시장 활성화가 필요했다. 중국 정부는 기업이 부채시장이 아닌 주식시장과 공모시장에서 자금을 조달하기를 원했다. 이를 위해선 주식시상 활성화로 자기자본 조달을 쉽게 할 길을 열어줘야 했다. 이뿐만이 아니었다. 중국 주식시장은 부동산시장에 대한 투자 대안으로도 제시됐다. 이 또한 중국 정부의 의지가 작용했다고 볼 수 있다. 과열된 부동산시장이 점차 냉각됨에 따라 그 출구로 주식시장을 키웠다는 의미다.

개인투자자들은 정부 의도대로 주식시장으로 몰려갔다. 말 그대로 미친 듯 투자했다. 대출까지 받아 투자금을 마련했다. 가장 이상적인 상황은 경제의 재구조화 혹은 구조조정 국면이 끝날 수 있도록 안정적인 강세장이 몇 년 동안 지속하는 거였다. 반대로, 최악의 시나리오는 구조조정이 시작되기도 전에 주식시장이 붕괴하는 것이었다. 한데 상황이 점차 최악의 시나리오를 향해 가고 있다.

이상 기류는 지난해부터 감지되기 시작했다. 매도세가 고공 행진했다. 2014년 전까지만 해도 내국인 전용의 A-주식 기업의 대주주들이 매년 약 1,000억 위안을 순매도했다. 그러나 2014년에는 1,900억 위안에 달해 거의 두 배로 늘었다. 2014년 후반기에만 1,620억 위안을 순매도했다. 2015년 1~5월까지, 순매도는 3,600억 위안에 달했다. 대주주를 포함한 부자들은 더 부자가 됐다. 대신, 개인투자자들은 헐값이 된 주식 보따리만 가득 안고 있는 상황이 돼버렸다. 반복하지만 시진핑이 삼은 목표는 소비에 기반을 둔 경제체제를 만드는 것이다. 그래서 건강한 소비자가 절대적으로 필요한 상황인데 불행하게도 주식시장 붕괴로 대중은 소비 여력을 잃어가고 있다. 다음은 이데일리 2015년 07월 15일 자에 실린 '주식병에 시달리는 중국'이란 기사다.

끔찍한 범죄도 발생하고 있다. 주식투자로 180만 위안약 3억 2,800만 원을 잃은 아내를 남편이 살해한 사건도 있었다. 지난 8일 9시경 시공안국 110 지휘본부에 한 남자가 떨리는 목소리로 전화를 걸어와 자신이 방금 아내를 죽였다고 말했다. 리우 씨는 최근 부인이 투자한 주식이 손해를 봤다며 괴로워했고 리우 씨 부인은 주가가 바닥일 때 주식을 더 매입해야 한다며 리우 씨와 아들에게 돈을 빌리라고 재촉한 것으로 알려졌다. 리우 씨는 부인이 여기저기서 돈을 빌려오라고 강요하고 이미 180만 위안을 손해 보고도 고집을 부리며 잘못을 깨닫지 못해 더는 희망이 없다고 여겼다. 그는 사건 당일 오전에 부인이 또다시 돈을 빌려오라고 강요하자 말다툼 중에 살인을 저지르게 됐다고 리우 씨 동료가 전했다.
리우 씨는 "주식투자 때문에 부인은 고리대금도 빌리고 집문서를 저당 잡히고 돈을 빌린 것뿐만 아니라 여기저기서 사람들에게 돈을 빌리고 심지어 나와 아들한테까지 돈을 빌려오라고 강압했다"며 "결국 180만 위안 이나 잃고 우리 집도 다 망했다"고 했다.

이 외에도 최근 중국 증시가 한 달 새 30%가량 폭락하면서 투자자의 자살사고가 급증하는 것으로 나타났다. 중국 관영 CCTV에 따르면 랴오닝대학의 한 교수가 주식투자 실패를 비관하는 유서를 남기고 자살하는 등 최근 30여 명이 투자 손실을 비관해 자살한 것으로 알려졌다. 상황이 이러자 중국 소방당국은 뛰어내리지 말고 반등을 기다리라는 현수막을 내걸기도 했다.

위 기사는 중국 서민의 참혹한 현실을 있는 그대로 보여준다. 더불어 중국의 병이 얼마나 깊은지도 말해준다.

중국은 이른바 '새로운 정상new normal'을 꿈꿨다. 투자와 수출 위주의 경제를 소비와 내수 위주로 재편하고자 하는 야심 찬 계획을 세웠다. 하지만 늦었다. 경제는 이미 병이 깊었다. 게다가 중국 정부가 택한 방식은 수술이 아닌 대증요법이었다. 이쪽 거품을 저쪽으로 옮기기에 급급했다. 신실크로드는 국내 투자 거품을 국외로, 주식시장 활성화는 부동산과 기업에 쌓인 부채 거품을 주식시장으로 옮기는 것에 불과했다. 목적은 건강한 기업과 소비자를 육성한다는 거지만 현실은 그나마 저축도 날리게 된 수많은 대중을 양산했을 뿐이다. 대신 극소수 부자들이 탄생했다. 부의 불평등은 극한으로 치닫고 있다.

주식은 중국 가계자산의 15% 정도만을 차지할 뿐이다. 하지만 중국인 마음엔 그 의미가 남다르다. 바로 가난한 대중의 꿈이자 희망이다. 주식시장 붕괴로 이제 이들은 이 희망을 잃었다. 한데, 중국 지도자들은 이런 혼란에 미처 대비하지 못하고 있다. 그것은 대중이 시장과 정부에 대한 신념을 접을 수도 있다는 것을 뜻한다. 깨진 신뢰나 믿음을 되돌리는 건 절대 쉽지 않다. 주가 급락은 중국의 사회 안전에 분명한 위협이 될 것이다.

궤도를 이탈한 기차를 다시 정상 궤도에 올리는 건 매우 어려운 일이다. 비정상을 정상으로 돌리려면 몇 배의 노력을 기울여야 한다. 거품으로 흥한 경제는 반드시 대가를 치러야 정상으로 돌릴 수 있다.

정치가 안정됐다는 말은 현상을 유지하려는 세력이 강력한 힘을 가졌다는 얘기와도 일맥상통한다. 중국의 정치는 가장 안정적인 상황이다. 비록 그것이 권위주의에 기초한 힘에서 기원했다 해도 겉으로 보이는 현상은 같다. 이런 정치는 본질상 현상을 유지하는 게 목적이다. 혁신이나 개혁과 같은 진보적 의제는 그야말로 허울 좋은 명분에 불과할 수 있다.

안정이란 호수와 같은 사회로 물 흐름이 거의 없는 정체된 세상이다. 이런 사회는 어딘가에서 부패하기 마련이다. 중국 최상층에서 벌어지는 부패는 이미 일반화한 현상이다. 이제 그 부패 현상은 중산층을 넘어 일반 서민에까지 퍼지고 있다. "돈이 최고다"는 지극히 천박한 자본주의가 팽패하다.

정치는 이를 위해 대중을 현혹해야 한다. 누구나 부자가 될 수 있는 세상이 가능하다는 헛된 꿈을 주입해야 한다. 그 수단이 다름 아닌 거품이다. 거품이 만개한 세상, 그게 중국이다. 하나, 자본주의 체

제에서 모두가 부자가 될 수 없듯 모든 거품은 영원할 수 없다. 씨앗
이 썩어야 열매는 맺고 꽃은 핀다. 마찬가지다. 거품은 터져야 한다.
그렇지 않다면 새로운 시작 혹은 새로운 정상은 불가능하다. 중국의
'뉴노멀'이 위태로운 이유다.

3장

화폐 패러다임 전환

| 화폐라는 자본주의 축의 대전환 |

주류경제학에
밀어닥치는 물결,
암호 화폐

2015년 3월 15일 정식 서비스를 시작한 비트코인 진영의 새로운 인터넷 '이더리움 Ethereum'은 2010년대 가장 중요한 사건의 하나로 손꼽힐 혁명적인 시도다. 이더리움은 서버를 거치지 않는 인터넷이자 탈중앙화된 애플리케이션 플랫폼이다. 이 프로젝트에 참여는 이들은 놀랍도록 젊고 참신하다. 그룹의 대표격인 비탈릭 부테린은 스무 살 청년이다. 그 나이면 인터넷이 없었던 시대를 살아본 적이 없다. 그러나 인터넷으로 무엇을 '더' 할 수 있는지 탐구하는 데 가장 영민할 수 있는 때다. 대안적인 화폐 시스템과 인터넷을 연동한다는 이더리움의 개념은 그야말로 코페르니쿠스적인 전환이었다. 중앙은행들의 국권 화폐가 흐르는 길이 서버, 클라이언트 인터넷이라면, 이더리움은 암호 화폐 Cryptocurrency가 흐르는 탈중심화된 인터넷을 지향한다. 이더리움에는 서버뿐만 아니라 대주주도 없다. 이더리움은 조직의 운영을 자동화하는 '분권화된 자동 기업 DAC' 시스템이다. 일반 기업과 달리 조직의 경영자가 전 세계에 철저히 분산돼 있다. 더 많은 사람이 접속할수록 더욱더 다양하고 안정된 시스템이 구축된다.

■ 한국일보, 2015. 04. 27.

비트코인에 대한 대중 인식은 그야말로 볼품없다. 매우 의심스러운 화폐돈로 알거나 투기적 상품으로 오해하고 있기도 하다. 비트코인을 조금 더 안다고 해봐야 언론에서 보도하는 것을 앵무새처럼 반복하는 데 그친다. 불법 약물 거래 사이트였던 실크로드Silk Road가 FBI에 의해 폐쇄된 사실을 들며 비트코인이 마치 암흑가의 불법 거래나 자금세탁 도구인 양 장황하게 설명하기도 한다. 가격 변동성에 목소리를 높이고 거품이란 단어로 비트코인을 단정하기도 한다. 마운트곡스Mt. Gox, 비트코인 거래소 폐쇄를 언급하며 엄청난 액수의 비트코인이 일시에 사라진 것에 언성을 높인다.

비트코인을 둘러싼 이런 얘기들이 틀린 것은 아니다. 하지만 그것들이 비트코인 세계를 설명해주지는 못한다. 그야말로 장님이 코끼리 만지는 격이다. 뭐든지 실체를 모르면 설명하기가 외려 쉬운 법이다. 비트코인은 은행업과 상거래 방식을 급진적으로 변화시킬 잠재력이 있다. 비트코인은 단순한 화폐시스템이 아니라 혁신적 디지털 기술로 수십억 인구를 현대화, 통합화 그리고 디지털화, 글로벌화한 경제로 안내할 나침반이다. 비트코인 세계가 구체화한다면 오늘날 세계는 마치 중세시대처럼 낡고 초라해 보일 수도 있다.

어제의 은행 시스템

비트코인 시스템의 파괴력을 알아보기 전에 현대의 화폐·자산 시스템 혹은 뱅킹시스템은행 시스템을 먼저 알아야 한다. 현대 화폐·자산 거래 시스템은 르네상스 때 메디치가에서 기원한다. 이 시기에 처음으로 은행이 탄생했으며 유럽의 화폐경제를 지배했다.

메디치 가문은 파괴적 혁신가disruptive innovator이자 급진적 사상가였다. 당시 사회에 꼭 필요한 것을 발견해냈고 이를 현실화했다. 메디치가는 예금자와 차입자를 중개하는 방법을 발견했다. 예금자가 가진 초과 자본을 이를 필요로 하는 차입자에게 수수료를 받고 연결해주는 방식이었다. 지금 시각으로 보면 너무 당연해 웃음밖에 나오지 않는 발상이다. 현대 은행이 하는 대표적인 일이기 때문이다. 하지만 당시에는 혁명적 발상이었다는 것을 기억해야 한다. 한 은행이 수많은 부채를 중앙 장부ledger에 기록함으로써, 은행가는 강력하면서도 중앙집권화한 신뢰 시스템을 만들어냈다.

은행의 전문화된 중개 서비스 덕으로 과거엔 서로를 신뢰할 수 없어 비즈니스를 꺼렸던 이방인들이 이젠 마음 놓고 거래한다. 예금자는 차입자가 누군지도 모르면서 돈을 빌려주고 차입자 역시 누구 돈인지도 모르면서 안심하고 그 돈을 쓴다. 모두가 은행이 중간에 서 있기에 가능한 일이다.

메디치가가 이룬 혁신은 이에 그치지 않는다. 돈을 창조해내는 고강력 시스템을 만들었다. 여기서 말하는 돈은 물론 물리적 화폐는 아니다. 메디치가는 일종의 신용시스템을 창조해냈다. 한 사회의 부채와 지급을 공유하고 확장하며 조직하는 시스템을 만들어낸 것이다. 상거래가 급증하면서 특정 프로젝트에 자금을 대는 부와 자본이 창출됐다. 메디치가의 혁신은 세계를 바꿔놓았다 해도 과장이 아니다. 이들이 만든 은행 시스템은 오늘날까지 이어지고 있다.

그 폐해도 만만치 않다. 은행은 중앙집중화한 신뢰시스템을 만들면서 그 핵심에 있다. 결국, 은행은 매우 강력하면서도 과도한 권력을 갖게 됐다. 은행이 없으면 비즈니스를 할 수 없는 세상이 되면서 세계 경제는 한층 더 은행의 중개기능에 의존하게 됐다. 은행이 그 깊숙한 금고에 보관 중인 장부는 한 사회의 부채와 지급을 추적할 수 있는 필수 수단이다.

또 오늘날 은행은 경제를 움직이게 하는 금융 트래픽을 관리하는 기능도 한다. 금융 거래를 하고 싶으면 은행과 거래할 수밖에 없다. 이런 이유로 은행업은 궁극적으로 지대추구rent-seeking, 별다른 노력 없이 돈을 불려 나가는 행위 비즈니스이며 조세와도 같은 수수료를 부과해 이득을 챙기게 된다.

한편 새롭고도 복잡한 금융 비즈니스가 생겨나면서 또 다른 지대추구 중개업자들이 출현했다. 전문화된 '신뢰'를 제공하는 채권과 증권 브로커, 보험사, 금융 변호사, 신용카드 회사와 지불 처리 업체에 이르는 이들은 끊임없이 세분화하고 전문화되고 있다.

오늘날 경제는 이들에게 예속되었다고 해도 과언이 아니다. 이들이 활동을 멈추면 경제 시스템은 일시에 붕괴할 것이다. 2008년 금융위기가 어떻게 실물경제를 파괴했는지를 기억하면 한층 이해가 쉬울 것이다. 실물경제가 금융을 좌지우지하는 게 아니라 금융이 실물경제를 쥐락펴락하는 시대다.

화폐와 신뢰

화폐와 신뢰와의 관계를 이해하려면 화폐의 원형 혹은 본질을 알아야 한다. 팀 하포트가 지은《당신이 경제학자라면》이란 책에 그 원형이 잘 나타나 있다.

> 서태평양의 섬나라인 미크로네시아의 야프 섬에 가면 볼 수 있습니다. 야프 섬 사람들은 돌에 구멍을 뚫어 만든 화폐인 '라이'를 사용했습니다. 일부 돌 화폐는 지름이 한 뼘 또는 그보다 작고, 무게는 설탕 두 봉지 정도여서 가지고 다닐 만합니다. 하지만 대부분의 값나가는 돌 화폐는 훨씬 커서, 19세기 말 한 영국인 선원이 기록한 바에 따르면, 큰 것은 무게가 4.5톤 정도이고, 지름은 275센티가 넘었다고 합니다. 다시 말하면 거의 이동할 수 없었다는 뜻이지요. (⋯)
> 이런 모든 상황을 고려할 때, 지극히 실용적인 이유에서라도 야프 섬 사람들은 중대한 통화 개혁을 단행해야 했습니다. 즉, 돌 화폐의 소유권과 그 돌의 물리적인 소유를 분리하는 것이지요. 만약 당신이 제가 가진 돼지를 사고 싶다면, 그 거래는 사람들이 지켜보는 가운데 공개적으로 이루

어집니다. 저는 당신에게 돼지를 주고, 당신은 그 대가로 가지고 있는 돌들, 즉 나무에 기대놓은 돌과 오두막 위에 놔둔 돌 중 하나를 골라 그 소유권을 넘겨줍니다. 이제 모든 사람은 그 돌이 팀 하포드의 돌이 되었음을 인정합니다. 당신과 나는 그 돌을 옮기느라 사서 고생을 할 필요가 없습니다.

어느 날 채석장 일꾼이 팔라우에서 새로 캐낸 큰 돌을 가져오던 중 야프 섬 해안의 멀지 않은 곳에서 폭풍우를 만났습니다. 그 돌은 바다에 가라앉아 버렸고, 일꾼은 간신히 해안으로 헤엄쳐와 자신은 운 좋게 살아남았지만, 돌을 잃어버렸다고 이야기했습니다. 그런데 돌의 소유권이 바뀌어도 오두막 바깥에 세워 둔 돌을 이리저리 옮길 필요가 없다면, 바다 밑에 가라앉은 돌이라고 해서 다를 이유는 없지 않을까요? (…) 여느 돌과 마찬가지로 말입니다. 그것은 비록 볼 수도 없고 만질 수도 없지만, 지극히 훌륭한 화폐였습니다.

오랜 세월 동안 선진 문명의 통화제도는 금에 기초했습니다. 금괴는 거대한 돌 화폐만큼 무겁지는 않더라도 꽤 무게가 나가는 물건이었기 때문에, 오지의 금광에서 위험을 무릅쓰고 큰 비용을 들여 캐낸 금은 은행 금고에 안전하게 보관해두었습니다. 런던이나 베네치아처럼 익명성으로 상징되는 도시사회에서는, '거기 있는 금이 팀의 소유라는 사실을 모두 안다'는 '야프 섬식 신용제도'를 이용하기란 애초에 불가능했습니다. 하지만 기본적인 개념은 상당히 유사했지요. 돌 화폐 라이처럼 금도 직접 주고받는 일이 거의 없이 은행금고에 보관되었습니다. 대신에 사람들은 금의 소유자임을 기록한 종잇조각을 가지고 다녔습니다.

화폐가 반드시 종잇조각이나 금속 동전일 필요가 없다는 사실을 인식하는 건 매우 중요하다. 거대한 돌도 얼마든지 화폐가 될 수 있다. 게다가 화폐가 반드시 고유한 가치를 지닐 필요도 없다. 마찬가지로 현재 우리가 사용하는 종잇조각이 고유의 가치를 가졌다고 보기는 어렵다. 그런데 우린 종잇조각으로 벤츠 승용차도 사고 수억 원짜리 집도 산다.

화폐가 가치를 지니는 데 필요한 것이라고는 거의 모든 사람이 그것이 값어치가 있다고 여기는 믿음뿐이다. 우리가 사용하는 종잇조각이 가치가 있다고 믿기에 우린 그것을 소중히 여긴다. 그뿐이다.

화폐의 물리적 형상이 어떠하든 그것이 가치를 갖는 건 인간이 그렇게 믿기에 가능하다. 따라서 신뢰가 없어지면 순식간에 가치를 잃는다. 하이퍼인플레이션이 발생한 나라에서 지폐는 그저 종잇조각에 불과하다. 불쏘시개로 쓰일 뿐이지 가치가 있다고 보긴 어렵다. 화폐가 되려면 대중이 그저 그것이 가치가 있다고 믿으면 충분하다.

그렇다면 어떻게 가치를 갖게 할 것인가? 무엇인가가 화폐가 되려면 세 가지 조건을 만족해야 한다. 교환의 매개수단, 가치의 저장 수단, 회계의 단위로서 기능해야 한다. 그중에서도 교환의 매개수단으로써 화폐를 이해하는 것은 매우 중요하다. 다시 하포트의 견해를 들어보자.

교환의 매개 수단은 거래의 흔적을 남기는 수단입니다. 현대 사회에서 지폐는 교환의 매개 수단입니다. 만약 제가 세탁 서비스를 제공하는 사람인데 새 컴퓨터를 원한다면, 옷 세탁과 다림질이 필요한 컴퓨터 소매상을 찾아 헤매지 않아도 됩니다. 그냥 누군가의 옷을 세탁해주고 그 대가로 돈을 받아 컴퓨터를 구입하면 되지요. 화폐는 거래가 연쇄적으로 이어질 수 있도록 해줍니다.

따로 설명하지 않아도 이해할 수 있을 것이다. 화폐는 물물교환 시대를 벗어날 수 있게 해주었다. 화폐가 생김으로써 사람들은 필요한 서비스나 재화를 얻기 위해 내 서비스나 재화가 필요한 어떤 사람을 직접 찾아 나설 수고를 없앴다. 화폐만 있다면 거의 언제든 필요한 서비스나 재화를 얻을 수 있다.

여기서 한 가지 의문점이 든다. 우린 대체 무얼 믿고 거래상대방이 건네주는 종잇조각 혹은 금속을 받고 자동차나 아파트를 내주는가? 여기서 우린 거듭 화폐가 화폐로서 기능하기 위한 전제조건이 '신뢰성'이란 것을 확인하게 된다. 상대방이 건네주는 종잇조각을 신뢰할 수 없다면 그것은 더는 화폐가 아닌 그야말로 종잇조각에 불과하다. 반대로 우리가 무언가를 화폐로 신뢰한다면 그 무엇도 화폐가 될 수 있다.

신뢰성 문제는 거래할 때도 발생한다. 거래상대방이 제시하는 화폐의 진위 못지않게 그 화폐가 그 사람 것이 확실한가를 믿을 수 있어야 한다. 훔친 지폐를 사용하는 거라면 자칫 낭패를 볼 수 있다. 그래서 누군가는 화폐의 진위와 화폐 소유자의 정당성을 확인하는 작업을 해야 한다. 이 작업은 오늘날엔 보통 은행에 위임돼 있다.

이론적으로 이런 거래들은 거대한 중앙 집중 데이터베이스에 모두 기록할 수 있습니다. 그것이 바로 야프 섬에서 일어난 일이었지요. 인구가 적었기 때문에 어떤 돌이 누구에게 속하는지를 기록하는 거대한 데이터베이스는 바로 사람들의 머릿속에 있었습니다. 야프 섬의 제도를 사용하기에는 너무 커져 버린 사회에서 지폐는 그런 데이터베이스를 필요 없게 만들었습니다. 하지만 사람들이 지폐나 동전보다는 직불카드나 인터넷 뱅킹을 사용함에 따라 거대한 데이터베이스에 점점 더 자리를 내주고 있습니다. 야프 섬 사람들의 집단 기억을 컴퓨터화한 것이라 할 수 있지요.

화폐가 화폐로서 기능하기 위한 전제조건 중 하나는 거래 기록 모두가 누군가의 검증을 받아 보관돼야 한다는 것이다. 그래야 누군가가 사용하는 화폐의 진위, 적법성 혹은 정당성을 확인할 수 있기 때문이다. 하지만 현금에는 이런 기능이 없다. 뇌물과 같은 불법적 거래에 현금이 사용되는 이유다. 오만 원권이 시중에서 사라지는 원인도 마찬가지다. 현금은 추적이 상당 부문 불가능하므로 불법 거래나 탈세를 목적으로 하는 사람들에겐 매우 좋은 수단이 된다.

어쨌든, 현대 경제에서는 이를 대체할 방법을 찾았으니, 바로 직불카드, 신용카드, 인터넷뱅킹을 사용하게 한 것이다. 이제 거래 내용 대부분은 은행의 데이터베이스가 관리한다. 우리가 어디에 돈을 보내고 무엇을 사는지까지 은행을 비롯한 금융기관은 대부분 안다. 은행은 중개인에 불과하지만, 우리의 일거수일투족을 꿰뚫어보고 있는 '빅 브러더'다. 야프 섬에서는 그 권력이 모두에게 분산돼 있었다면 현대는 극히 소수의 금융권력자에게 집중돼 있다.

암호 화폐의 가능성

여기에 암호 화폐의 미래가 있다. 비트코인을 포함한 암호 화폐가 진정으로 대단한 이유는 중개인을 배제한 데 있다. 위에서 말한 현대 경제에서 중심에 자리 잡은 은행의 중개 기능을 무력화한 것이다. 중앙집권화된 금융기관이 보유한 거래 장부를 떼어내 자율적인 컴퓨터 네트워크가 그 일을 대신하게 한 것 즉, 어떤 금융기관 통제도 받지 않는 분권화된 신뢰 시스템을 창조해낸 것이 바로 암호 화폐다. 그 핵심에 완전히 공개된 그리고 고강력 컴퓨터로 지속해서 확인되는 보편적이지만 누구도 침범할 수 없는 장부ledger가 있다.

이론적으로 우리에게 신뢰의 고리를 제공해주던 은행 혹은 금융 중개자가 더는 필요 없게 됐다. 네트워크 기반의 장부대부분의 암호 화폐가 블록 체인이라 부르는 것는 중개인 역할을 한다. 다시 말해, 거래상대방 돈이 그 사람 것이 맞는지를 우리에게 효율적으로 알려준다. 거래할 때, 우린 대부분 전혀 모르는 사람의 돈을 받아야 한다. 온라인 거래뿐만이 아니라 오프라인 거래 시에도 우리 대부분은 불특정 다수와 거래하기 때문이다. 문제가 되는 것은 거래상대방이 쓰는 돈이 그의 돈이 맞는지를 어떻게 확인할 것인가다. 은행은 중간에 개입해 거래 상대방의 신뢰를 담보해준다. 마찬가지로 암호 화폐 세계에서는 공개장부블록체인가 이 역할을 대신한다.

중개인과 그 수수료를 없앰으로써, 비즈니스 비용을 줄이고 중개 기관 내부에서 발생하는 비리를 완화할 수 있다고 암호 화폐는 약속한다. 암호 화폐가 사용하는 공개장부는 과거엔 숨겨져 왔던 경제·정치 시스템을 공개했다. 침범할 수 없는 중앙집권화한 기관 내부에 비밀리에 보관돼오던 장부를 누구나 볼 수 있도록 공개했다.

이 기술이 가진 잠재력은 무궁무진하다. 투명성과 회계성은 정보를 통제하는 중개인을 없앨 수 있다. 이는 단순히 은행과 같은 금융 중개인에게만 해당하지 않는다. 인간이 행하는 모든 거래에 적용할 수 있다. 일례로, 부정선거를 원천적으로 없앨 수 있다. 그 핵심은 돈과 정보를 통제하는 파워 엘리트들에게서 권력을 빼앗아 원래 주인인 일반 대중에게 이를 돌려주는 것에 있다.

암호 화폐가 완벽하진 않다. 많은 결함과 리스크를 안고 있다. 비트코인은 공개장부를 유지하고 관리하기 위해 컴퓨터 소유자들에게 유인을 제공한다. 이 과정을 보통 비트코인을 캐낸다고 하는데 실제론 공공장부를 관리하는 대가로 비트코인을 받는 것이다. 이는 화폐 권력의 분권화를 목표로 한다. 하지만 실제 현실 세계에선 네트워크를 장악할 수 있을 정도로 힘을 가진 독점 현상이 발생할 수 있다. 현재 비트코인이 그런 위협에 처해 있지는 않다. 또, 비트코인 생태계에서 이익을 얻는 사람들이 그것을 파괴하는 짓을 하지 않을 거란 낙관적인 견해도 있다. 그렇다 해도 그런 위협이 완전히 사라진 것은 아니다.

한편으로 비트코인과 범죄는 상호 밀접하게 연결됐다. 이는 실크 로드 사례를 보면 잘 알 수 있다. 디지털 화폐의 익명성을 활용해 약물을 팔고 자금 세탁을 하려는 사람들에게 암호 화폐는 신천지나 다름없다.

어떤 사람들은 암호 화폐가 경제 위기를 조장할 거라 주장한다. 현재 통화 공급은 온전히 정부와 중앙은행이 행사한다. 그런데 암호 화폐가 일상화된다면 정부나 중앙은행이 이러한 통화 공급 독점권을 행사할 수 없게 된다. 당연히, 경제 위기가 도래했을 때 현재와 같은 통화 공급 조정을 통한 경기회복이 불가능해진다. 이것이 암호 화폐를 두려워하는 이유다.

암호 화폐는 파괴적 기술임이 분명하다. 모든 상황이 같다면 파괴적 기술은 경제를 더욱 효율적으로 만들고 더 많은 부를 창출해낸다. 하지만 모든 일엔 대가가 따른다. 파괴적 기술 또한 마찬가지다. 기존 시스템에서 먹고 살던 수백만 명이 자기 직업이 위험에 처한 것을 알게 되는 순간 정치적 긴장은 폭발할 것이다. 정치적 갈등은 옛 시스템 옹호자와 새로운 시스템 지지자들 간에 얼마든지 발생할 수 있다. 그뿐만 아니라 신시스템 아래 여러 집단 즉 이상주의자, 기회주의자, 실용주의자, 기업가들 간에도 암호 화폐의 미래를 통제하려는 권력을 차지하려고 싸우게 될 것이다. 파괴가 돈과 관련된 기술로 주도됨에 주목해야 한다. 갈등은 치열할 수밖에 없을 것이다. 그럼에도 파괴적 기술은 불가피하며 인류에겐 궁극적으로 긍정적인 결과를 미치는 경우가 대부분이다.

암호 화폐는 디지털 화폐 시장의 새로운 아이템이 아니다. 달러, 유로, 엔을 대체할 새로운 교환 매체도 아니다. 그것은 중앙집권화한 신뢰의 폭군 즉, 기존 금융권력자로부터 사람들을 해방할 수 있는 무엇이다. 은행, 정부, 법률가 그리고 소수 기득권층이 가진 권력을 보통사람 즉, 대중에게 돌려줄 수 있는 하나의 가능성이다.

화폐, 자유
그리고
비트코인 탄생

비트코인만 가지고 48시간 동안 생활할 수 있을까? 네덜란드 아른험의 모데즈호텔. 필자가 묵는 방의 빨간 소파에 놓인 아이패드 화면에는 비트코인 거래소 '비트스탬프Bitstamp.net'의 실시간 현황이 나타났다. 암호 화폐 비트코인의 가격은 계속 떨어지고 있었다. 아침 식사 때만 해도 1비트코인이 400달러가 넘었지만 불과 30분 만에 383달러까지 떨어졌다. 이대로 가다가는 손해가 커질 것 같았다.

비트코인 가격이 10달러 더 떨어지자 계속 버틸 수 없었다. 호텔 리셉션으로 내려가 방값을 지불했다. 나중에 알고 보니 필자는 그 날의 최저치에 가까운 가격으로 비트코인을 판셈이었다. 기분이 아주 우울했다. (…) 이처럼 암호 화폐의 세계는 아직 불안정하다. 규제는 언제 이뤄질지 알 수 없고, 시장은 큰 폭으로 출렁인다. 비트코인은 거래 추적이 어려워 범죄자들이 널리 사용하는 통화가 됐지만, 일반 기업 상당수도 현재 비트코인 결제를 받거나 앞으로 받을 계획을 갖고 있다. 최근에는 소매업체 오버스탁Overstock과 뉴에그Newegg, 대표적인 여행사이트 익스피디아도 비트코인을 받기 시작했다. 암호화 기술과 블록체인이라는 공개장부 시스템을 핵심으로 하는 비트코인은 주택 구입에도 사용되고 있다. 최근에는 우주여행 상품도 비트코인 결제가 가능해졌다.

■ 머니투데이. 2015. 05. 12.

수많은 규제와 감시에도 비트코인은 왜 사라지지 않는 걸까. 암호화폐의 매력이 도대체 무엇이기에 인류는 그것에 끊임없는 관심을 기울이고 있는 걸까. 화폐가 갖는 정치·경제학적 또 철학적 의미는 무엇일까.

인류 문명은 수많은 지성을 낳았다. 하지만 현재까지도 기억되는 사람은 극소수다. 대부분 지성은 쓸쓸히 잊혀 간다. 게오르그 짐멜 Georg Simmel, 1858~1918도 그중 한 명이다. 물론 그는 살아있을 때도 그다지 대접을 받지 못했다. 그는 독일 지성계의 이단아로 살았고 현재도 그렇게 기억되는 인물이다. 그 능력과 천재적 재능을 생각한다면 안타까운 일이 아닐 수 없다. 특히, 화폐경제에 대한 그의 통찰은 실로 놀랍다.

화폐경제는 물물교환 시대에 전형적으로 나타나는 인격성personality과 물질적 관계 사이의 상호의존성을 해체해버린다. 매 순간 화폐경제는 인간과 특수한 사물 사이에 완전히 객관적이며 그 자체로는 아무런 특성도 없는 돈과 화폐가치를 삽입시킨다. 개인과 소유 사이의 관계를 일종의 매개된 관계로 만들어버림으로써 화폐경제는 이 둘 사이에 거리가 생기도록 만든다. 이런 식으로 화폐경제는 인격적 요소와 지역적 요소 사이에 존재하던 이전의 밀접한 관계를 분리시켰다. (…) 이를 통해서 돈은 한편으로는 모든 경제 행위에 미증유의 비인격성을 부여하고, 또 다른 한편으론 그와 같은 정도의 개인의 독립성과 자율성을 고양시키게 된 것이다"

그가 남긴 '현대 문화에서의 돈'이란 논문 중 일부다. 탁월한 분석이다. 자본주의적 화폐경제가 인간과 사회에 미친 영향을 이처럼 명료하게 분석한 지성은 그리 많지 않다. 짐멜에 따르면 화폐경제는 인간과 사물 사이 혹은 인간과 인간 사이에 항상 돈이 개입되는 세상을 의미한다.

■ 강신주, 《상처받지 않을 권리》 중

화폐가 출현하기 이전 물물교환 시대엔 물건 즉, 사물이 인간과 상호의존 관계를 맺는다. 필요한 물건은 직접 만들어 써야 했고 음식물은 손수 재배하거나 키워야 했다. 혹은 수렵이나 채집을 통해 스스로 얻어야 했다. 자신이 직접 만들고 재배한 사물엔 그 사람의 인격과 인성이 스며들기 마련이다. 물물교환을 통해 얻은 사물도 마찬가지다. 적어도 그것을 만들거나 재배한 이의 인격성이 내포돼 있다. 내가 키운 벼로 지은 밥, 직접 만든 짚신에는 내 노동과 혼이 깃들 수밖에 없다. 그건 단순한 물건이 아니라 땀, 웃음, 희망, 절망 등 인간의 육체적, 정신적 요소들이 결합한 인성과 인격의 결정체라 할 수 있다.

그런데 화폐경제가 도래하면서 상황은 순식간에 바뀌게 된다. 인류는 의식주에 필요한 대부분을 사서 쓰게 됐다. 직접 생산하는 시대는 가버렸다. 게다가 분업이 발달하면서 대다수 노동자는 특정 사물에서 일부분만을 생산하게 됐다. 완전한 사물이 아닌 부품만을 생산하는 경우, 완성된 사물은 온전히 내 것이 아니다. 비록 자동차를 생산하는 회사에 근무하더라도 그저 타이어를 끼우거나 문짝을 다는 게 전부라면 자동차를 온전히 한 사람의 힘으로 만들었다고 말할 수 없다. 산업혁명 이후, 대량생산 시대에 만들어진 물건은 대부분 다수 노동이 합쳐진 것이기에 특정 개인의 생산품이라고 말할 수 없다. 혼자만의 힘으로 만든 것과 여러 사람이 만든 것 중에 어떤 것에 더 애착이 갈까? 품질은 같다는 가정하에서 대부분은 자기 혼이 깃든 것을 선호할 것이다. 분업화된 상품에 특정 개인이 애정을 가질 수 없는 근본적인 이유가 여기에 있다.

화폐경제에서는 내가 만든 상품그것도 상품의 극히 일부분을 다른 사람이 사고 나는 다른 사람이 만든 상품을 사게 된다. 그 매개물이 화폐다. 화폐경제에서 돈은 온전한 상품을 살 수 있는 거의 유일한 수단이다. 짐멜은 이것을 다음과 같이 표현했다. '화폐경제는 개인과 소유의 관계를 일종의 매개된 관계로 만들어버림으로써 이 둘 사이에 거리가 생기도록 만든다.'

물물교환 시대엔 자신이 소비하는 거의 모든 사물이 자기 소유물일 수밖에 없다. 반면, 화폐경제에서는 개인과 소유 관계에 화폐가 개입된다. 화폐로 사는 상품에 인격이 스며들 여지는 별로 없다. 우리가 주목해야 할 건 짐멜이 한 다음과 같은 분석이다. '이를 통해서 돈은 한편으로는 모든 경제 행위에 미증유의 비인격성을 부여하고, 또 다른 한편으론 그와 같은 정도로 개인의 독립성과 자율성을 고양시키게 된 것이다.'

화폐경제는 앞에서 살펴본 것처럼 인간과 사물 그리고 인간과 인간의 관계를 단절시킨다. 물물교환은 인간과 인간의 만남인 대면이 필수지만 화폐경제에서는 필요한 사물을 구하기 위해 다른 사람을 만날 필요가 없다. 온라인 쇼핑은 말할 것도 없고 오프라인 거래라도 상점 주인이 판매하는 상품들 대부분은 그것을 만든 사람이 따로 있다.

화폐경제에서는 돈이 상품거래의 매개물이다. 하지만 돈에는 영혼이 없다. 중앙은행이 돈을 찍어내기는 하지만 그것에 인간 영혼까지는 불어넣지 않는다. 단지, 화폐경제의 수단으로 기계가 찍어내는 종잇조각에 불과하다. 화폐경제는 필연적으로 인간과 인간 관계를 무력화한다.

그런데 짐멜은 이것이 오히려 인간의 독립성과 자율성을 고양시킨다고 주장했다. 맞는 말이다. 인간의 독립성과 자율성은 타인과의 관계가 엷어질수록 커지기 마련이다. 이것은 인간 생애주기를 보면 쉽게 이해가 간다. 사람은 나이가 들수록 부모에게서 멀어진다. 그만큼 개인으로서 독립성과 자율성은 커진다. 유아기엔 부모 없이는 생존 자체가 불가능하지만, 청소년기엔 부모가 곁에 없어도 그런대로 혼자 살아간다. 청년기를 넘으면 독립하는 게 상례다. 생애주기는 결국 독립성과 자율성을 확보해나가는 과정이라고도 말할 수 있다. 이는 자연계 법칙이다. 독립성과 자율성은 타인과의 관계에서 벗어날 때 커진다.

화폐경제로 대표되는 산업자본주의는 독립성과 자율성을 수월하게 했다. 과거엔 가족 혹은 씨족으로 대변되는 공동체에 속해야 생존할 수 있었다. 농경, 수렵 시대엔 뭉쳐야 살 수 있었다. 하지만 산업자본주의에서는 돈만 있으면 살 수 있다. 타인과의 관계가 엷어지거나 심지어 단절돼도 돈만 있으면 생존에 필요한 대부분을 살 수 있다. 그만큼 개인의 독립성과 자율성이 확보되는 시대가 온 것이다. 돈이 타인과의 관계보다 중요하게 되었고 그것을 버는 것은 개인 능력에 달려 있다는 것을 학습하게 됐다. 타인과 관계하는 일은 오히려 돈 버는 것에 방해될 수도 있음을 인식하게 됐다.

> 화폐경제 이전 시대의 사람들은 좁은 지역에 같이 살고 있던 소수와 상호 의존하고 있었다. (…) 반면, 오늘날 우리는 익명적인 상품 공급자들 일반에 의존하고 있지만, 동시에 그들을 자주 자의적으로 바꾸고 있다. 그래서 우리는 특정한 상품 공급자에 대해 훨씬 더 독립적인 것이다. 바로 이런 유형의 관계가 강력한 개인주의를 만들어낸다

화폐경제에서 돈은 곧 '신'이다. 꿈꾸는 거의 모든 것을 현실 세계에서 가능하게 해준다는 점에선 기존 종교보다 우월하다고도 할 수 있다. 화폐경제는 물신주의를 낳았다. 그것이 과연 인간에게 긍정적

이냐 부정적이냐는 것은 여기서 논하진 않기로 하자. 분명한 것은 화폐경제를 근간으로 하는 자본주의에 수많은 비판이 쏟아져도 짐멜이 천착한 분석처럼 오늘을 사는 우리는 '화폐'를 통해 독립성과 자율성을 확보했다. 스스로 선다는 것은 인간이기에 가능한 것이다. 그것이 인류에게 축복인지 재앙인지는 별개로 하더라도 말이다.

짐멜은 왜 하필 돈을 분석했을까? 철학자들이 무시하는 돈이란 것에 왜 철학의 잣대를 들이댄 걸까? 그는 이 점에 대해 아주 명쾌하게 얘기하고 있다. 그는 돈이 현대성을 극명하게 보여준다고 믿었다. 다시 말해, 현대를 규정하는 정신과 경험을 돈을 통해 파악할 수 있다고 생각했다.

현대성은 자유를 축으로 한다. 짐멜이 화폐에 천착한 것도 그것이 인간의 자유를 고양한다고 봤기 때문이다. 그에게 돈은 개인의 인격적 자유를 위한 새로운 가능성을 의미한다. 짐멜은 '우리는 더 많은 사람에게 의존하면서도 각각의 사람들에 대하여 무관심할 수 있으며, 그들은 바꿀 수 있는 자유를 가지고 있다'고 《돈의 철학》에서 주장했다. 이 말은 의미심장하다. 앞에서 살펴보았듯 돈은 인간과 인간 관계를 단절한다. 동시에 너와 나를 잇는 다리 역할을 한다. 현대 화폐경제는 반드시 '돈'을 매개로 한다. 그것은 인간과 인간, 인간과 사물의 관계에 필연적으로 돈이 개입된다는 것을 의미한다. 결국, 관계를 끊은 것도 화폐이고 그것을 이을 수 있는 것도 화폐다.

짐멜이 자유와 화폐의 총괄적인 관계에 대해 《돈의 철학》에서 했던 생각은 결국 다음과 같다. '모든 위대한 역사적인 힘들이 그렇듯 화폐 경제는 그것이 입힌 상처를 스스로 치료할 수 있는 신화 속의 창을 닮은 것 같다.' 그는 화폐가 '자유'를 낳았지만 '단절'을 불러왔다는 것을 인정했다. 하지만 돈이 가진 '치유'의 힘을 믿었다.

화폐 자체가 '치유력'을 가졌다고는 할 수 없다. 화폐 자체가 아닌 인간의 '진보'를 신뢰한다는 얘기일 것이다. 화폐 자체에는 죄가 없다. 그것을 이용하는 인간 행태만이 선악을 결정할 뿐이다.

자유주의와 리버타리아니즘 Libertarianism

철학 사조란 일종의 범주화 과정의 결과물이다. 특정 시기나 계층에서 일반화한 일종의 사상 혹은 사고의 유행을 말한다. 철학이니 사조니 하는 말을 들으면 골치 아파하는 사람들이 많지만, 그것을 파악하는 건 시대를 읽는 행위다.

산업자본주의의 근본인 화폐경제는 인간의 자유와 독립성을 고양했다. 그것은 인간의 행태를 과거와는 전혀 다른 방식으로 전개했으며, 그 결과 수많은 철학 사조가 태어났다. 시대 흐름이 바뀐 것이다. 산업자본주의는 화폐경제를 낳았고 그것은 다시 '자유주의'를 태동해 만개시켰다. 19세기 이후 현재에 이르기까지 '자유'는 대부분 국가가 추구하는 '이상'이 됐다. 자유는 정치에 국한된 게 아니라 사회, 경제, 문화 전반에 걸친 인류 문명의 화두가 됐다. 자유가 인류의 지향점이란 사실엔 의심의 여지가 없다.

자유주의Liberalism란 집단여기엔 물론 국가나 정부도 포함함에 의한 통제보다는 개인의 자발성을 우선하며, 국가와 사회제도는 개인의 자유를 보장하고 개성을 꽃피우기 위해 존재한다고 보는 철학 사조를 말한다. 모든 개인의 인격 존엄성을 인정하며 개인의 정신적, 사회적 활동에 대한 자유를 가능한 한 증대시키려는 입장 또는 그러한 생활 방식을 총칭한다고 할 수 있다. 사실 자유주의를 한마디로 정의할 수는 없다. 그 갈래만 해도 수없이 많기 때문이다. 이 책은 철학책이 아니므로 그 모두를 아우를 수도 그럴 필요도 없다. 중요한 것은 오늘의 시대를 대표하는 사상인 '자유'가 어떻게 우리 사회를 규정하는가이며 그것이 왜 새로운 화폐에 대한 열망을 낳았느냐이다.

철학이니 사조니 하는 단어에 관심이 없는 사람이라도 '신자유주의'란 용어는 들어봤을 것이다. 그만큼 현대를 규정하는 사상이기 때문일 것이다. 신자유주의Neoliberalism는 20세기 초에 등장했다. 하지만 20세기 후반인 1980년대부터 만개했다. 자유주의에 '신'자가 붙은 이유가 있다.

19세기를 풍미하던 자유주의는 20세기 초에 큰 위기를 맞는다. 1930년대 불어 닥친 대공황 때문이었다. 시장의 '보이지 않는 손' 즉, 자유방임주의적 경제학이 경제를 망가뜨렸다는 비난이 일었다. 이에 케인스는 제3의 경제 주체인 정부가 개입하는 것이 불가피하다고 주장했다. 특히 그는 직접적인 수요를 창출하는 재정정책을 적극적으로 펼쳐야 한다고 강조했다. 이른바 수정자본주의다. 정부가 국·공채를 발행해 자금을 확보한 뒤 각종 공공투자 사업을 벌임으로써 유효수요를 창출해야 경제 위기에서 탈출할 수 있다는 것이 그의 논리다. 결국, 시장에 국가 개입을 정당화한 것이 바로 수정자본주의다. 이는 국가가 시장의 '자유'를 제한해야 한다는 것을 의미한다.

하지만 1970년대 석유파동이 닥치고 물가 상승과 실업률 증가가 동시에 발생하는 스태그플레이션이 일어나면서 전후 호황기는 종식을 맞고 케인스주의도 더불어 쇠퇴를 겪게 된다. 그 대신 케인스를 평생 숙적으로 간주했던 오스트리아 출신의 경제학자 프리드리히 폰 하이에크가 새로운 경제학계 영웅으로 부상한다. 신자유주의 시대가 도래한 것이다.

1970년대 이후 장기불황 문제를 해결하지 못한 케인스주의 경제 정책의 무능력과 초국가적 자본의 세계화에 따른 민족국가 형태의 제한성을 비판하며 등장한 것이 신자유주의다. 신자유주의자들은 무리한 복지정책, 공공부문 확대, 그리고 정부의 지나친 개입으로 경제 위기가 초래됐다고 보았다. 국가 개입으로부터 시장을 자유화하고 시민사회 내에서 일어나는 문제들이 가능한 한 시장 자체의 자연적인 움직임에 따라 조절 그리고 해결되도록 하는 이론이다.

사실, 신자유주의는 완전히 새로운 개념은 아니다. 국가가 시장경제에 개입하는 것을 반대하고 자유로운 시장을 통해 국가의 부를 확대해 사회적 복지를 극대화해야 한다는 19세기 고전적 자유주의 노선을 이어받은 것이다. 이 개념은 프리드리히 하이에크와 밀턴 프리드먼과 같은 자유시장 경제학자와 로버트 노직과 같은 학자들이 발전시켰다. 시장에 힘을 돌려주고, 시장의 '자유의지'를 중시해야 한다는 것이다.

여기서 한발 더 나간 게 자유지상주의Libertarianism, 자유해방주의다. 말 그대로 자유를 최고 덕목으로 삼는 정치철학 용어다. 권위주의의 반대말로 개인의 자유, 정치적 자유, 자발적 연합을 그 근간으로 한다. 이것을 주장하는 이들은 모든 권위나 권한을 의심한다. 정부나 국가의 권위나 권한에 회의적이다. 이런 생각을 품은 이들을 리버테어리언Libertarian, 자유지상주의자이라고 한다.

하지만 이 같은 정의는 모호하다. 이유는 자유지상주의 자체가 그 단어가 상징하듯 기존 틀에 얽매이지 않기 때문이다. 따라서 자유지상주의자 역시 기존 범주에 묶이지 않는다. 좌우를 망라한 절대적 자유주의자, 철학 있는 개인주의자들로 기존 진보와 보수의 틀을 거부한다.

2006년 미국의 주요 싱크탱크인 케이토연구소CATO Institute는 자유지상주의자를 경제적 이슈에서는 보수지만 개인적 자유에서는 진보 성향을 보이는 이들로 정의했다. 이들이 미국 유권자의 10~20%에 이른다고도 발표했다. 보수주의는 통상 낮은 세금과 재정지출 최소화 등 '작은 정부'를 지향한다. 이런 점에서 자유지상주의를 보수의 한 지류로 생각하는 사람들이 있다. 하지만 보수는 사회적으로 공동체적 가치를 강조한다. 그런데 자유지상주의자들은 개인 자유의 극대화를 추구한다. 이런 점에서 보수와는 차별된다. 진보주의는 사회적으론 개인의 자유를 추구한다. 자유지상주의와 일맥상통한다. 하지만 진보가 경제적으로 정부의 사회적 책임을 강조하는 데 반해 자유지상주의자들은 '작은 정부'를 꿈꾼다. 그런 면에서 진보와도 다르다.

결론적으로 자유지상주의는 보수와 진보의 얼굴을 반반씩 가졌다고 할 수 있다. 경제적으론 작은 정부를 지향하는 보수 우파에 가깝지만, 사회적으론 개인 자유를 추구하는 진보 좌파에 가깝다. 이념적으로 좌우가 혼재한다. 이들은 경제적으론 낮은 세금, 정부 재정지출 최소화, 자유무역 등을 지지한다. 공적 사회보장이 아닌 사적 사회보장제도를 옹호한다. 사회적으론 낙태선택권을 존중하고 이주자와 동성애자에게 매우 관용적인 태도를 보인다.

자유지상주의는 자유를 꿈꾼다. 이 때문에 개인주의 성향을 띨 수밖에 없다. 개인주의를 중시하는 이들은 모래알처럼 서로 묶이지 못한다. 아니 그것을 거부한다. 이는 결국 조직화에 걸림돌로 작용한다. 정당 조직은 생각할 수 없다. 보수는 복음주의 교회나 기독교 연합과 같은 조직을 진보는 노동조합이나 시민단체 등을 만들어 조직화하지만, 이들에겐 뚜렷한 조직이 없다. 그렇다고 이들이 지닌 힘을 경시하면 오산이다. 2006년 갤럽 여론조사 결과 응답자의 21%가 경제적 이슈에선 보수적 성향을, 개인적 자유에 대해선 진보적 성향을 보이는 자유지상주의자로 나타났기 때문이다. 참고로 보수 성향은 25%, 진보 성향은 21%, 포퓰리즘 또는 국가주의 성향은 20%로 나왔다. 숫자로만 보면 리버테어리언이 보수나 진보에 맞먹는 세력인 셈이다.

자유지상주의자들은 보수나 진보 세력보다 상대적으로 젊고 교육 수준이 높다는 점이 특징이다. 또 고수입 자산가들이 많은 것으로 나타났다. 이들은 보수의 상징인 종교도 없는 것으로 조사됐다. 교육 수준이 높아 투표율도 높다. 미국에선 현재까지 대체로 공화당 지지 성향이 강한 것으로 나타난다. 애덤 스미스, 존 로크의 고전적 자유주의 전통을 강조하는 리버테어리언 이념에 공화당의 감세 정책이나 총기 규제 반대 정책이 이들 입맛에 맞았기 때문이다.

그러나 최근에는 이들의 표심이 점차 민주당 쪽으로 옮겨가는 추세다. 주목할 점은 이들이 실제로 유력한 대선 후보들의 움직임에 영향을 미치고 있다는 것이다. 공화당의 존 매케인 상원의원은 테러 용의자 처리, 정보기관 도청 문제 등 개인적 자유를 침해하는 문제에 부시 행정부와 대립각을 세웠다. 그런 이유로 이들은 매케인을 지지한다. 민주당 힐러리 클린턴 역시 감세와 의료보험 문제에 보수화 경향을 보인다. 그래서 이들은 클린턴을 지지한다. 결국, 당 또는 보수와 진보 같은 고정 관념으로부터 이들은 자유롭다. 자기 이익을 대변할 수 있다면 어디든 상관하지 않는다.

한국사회에서도 개인주의 신장과 함께 진보, 보수를 뛰어넘는 리버테어리언이 상당수 존재한다. 이른바 '합리적 보수주의'라 칭했던 이들이 사실은 자유지상주의자란 분석이다. 하지만 '합리적 보수주의'란 용어 자체는 매우 불합리하다. '보수주의'가 원래 '비합리적'이란 오해를 낳을 수 있기 때문이다. 따라서 좌파든 우파든 개인의 자유를 절대가치로 생각한다면 그를 자유지상주의자로 정의하는 게 공평할 것이다.

자유지상주의를 자유주의와 동일시하면 안 된다. 둘은 분명 다르다. 둘 다 자유를 숭상하지만, 자유주의는 자유라는 대의를 위해 개인 희생을 정당화하는 반면 자유지상주의는 어떤 이유로도 타인의 자유를 위해 개인의 자유를 제한할 수 없다는 것을 그 가치로 한다. 우리가 흔히 언급하는 자유시장, 자유민주주의 등의 자유는 자유주의에 해당한다. 다시 말해, 오늘날 자유주의를 정치이념으로 하는 국가나 집단은 대부분 '자유주의'에 해당한다.

이보다 자유지상주의는 급진적 개념을 담고 있다. 반강제의 원칙 Non-coercion Principle을 중시한다. 누구도 물리력 등 강제적 수단으로 타인을 제어해서는 안 된다고 믿는다. 양심과 선택을 존중하며 타인을 강제하기 위한 폭력이나 속임수를 배척한다. 단, 방어 목적일 경우만은 예외다. 다시 말해, 내 자유가 존중돼야 하는 만큼 다른 이의 자유도 존중돼야 한다고 생각한다.

이들이 국가나 정부를 대하는 태도도 이에 근거한다. 자유주의 정부가 행하는 정책을 속임수나 착취라 생각한다. 가령, 정경 유착으로 국부를 독점하거나 악용하는 데 비판한다. 비효율적인 복지 정책에 낭비되는 세금에 대해서도 날 선 비난을 한다. 게다가 자아도취적 도덕주의에 근거한 사적 개입을 싫어한다. 술과 마약에 대해 관용적인 이유다. 무엇보다 중요한 것은 자유의지라 여기기 때문이다. 자유지상주의자 대부분이 정부나 국가 개입을 최소화해야 한다고 믿는 최소정부주의자minarchist다. 이들은 국가에 집중된 권력을 박탈해야 한다고 생각한다. 최소한의 경찰력, 사법권, 군대만 남기고 권력은 개인에게 되돌려줘야 한다고 주장한다.

신화폐에 대한 도전

비트코인을 포함한 암호 화폐는 이 같은 철학 사조의 산물이라 할 수 있다. '자유'란 도도한 흐름의 결과물이다. 비트코인에 흐르는 철학은 한 발언으로 요약할 수 있다. 타일러 윙클보스가 한 말이다. 그는 '페이스북' 아이디어 창안자로 유명하다. 현재 그는 실리콘밸리에서 벤처투자가로 활동하며 비트코인에도 상당한 투자를 한 것으로 알려졌다.

우린 정치와 인간의 실수와 무관한 수학적 구조에 우리의 돈과 신념을 놓은 것을 선택했다.

그가 말한 비트코인 정신은 정치와 무관한 돈의 가능성이다. 정치, 더 나아가 국가는 '화폐'를 독점적으로 장악하고 있다. 물론 국가 운영에 '화폐'의 독점적 발권은 매우 중요하고 긍정적인 기능을 수행한다. 누구나가 돈을 만들 수 있다면 애초 국가란 존재는 성립 불가능하다.

반면, 그 부작용도 만만치 않다. 현대 화폐는 그 자체가 능력이 없어서가 아니라 그것을 운영하는 주체인 정부나 국가의 무능으로 수많은 문제를 낳는다. 끊임없이 이어지는 불황과 깊어지는 불평등은 이와 무관치 않다. 무엇보다 개인 자유를 중시하는 최근 흐름과 대척한다.

국가는 화폐를 통해 개인의 자유를 수없이 침해한다. 국가는 화폐 흐름을 낱낱이 좇아 사생활을 감시한다. 게다가 자기들 맘대로 화폐를 찍어내 인플레이션을 발생시켜 개인의 소중한 재산을 강탈해간다. 이것이 법화로 대변되는 구통화체제에 대한 저항으로 표출되고 있다. 개인의 자유를 절대시하는 새로운 흐름이 그것에 어울리는 '신화폐'를 태동시키고 있다고 할 수 있다.

비트코인을 포함한 암호 화폐는 구체제 혹은 기존 체제에 대한 반발의 결과물이다. 국가는 세상 흐름을 선도하지 못한다. 따라잡는 것만도 힘에 부친다. 역사상 어떤 국가도 마찬가지다. 국가는 보수의 총체이기 마련이다. 좀처럼 그 틀을 바꾸지 않는다. 이는 진보 세력이 정권을 잡아도 마찬가지다. 비록 마음은 굴뚝같아도 세상을, 국가를 일시에 바꿀 수는 없다. 구체제란 '안정'을 의미한다. 그 질서를 깨고 흐름을 바꾸는 일은 쉽지 않다.

인류 역사는 새로운 사상과 흐름을 좀처럼 인정하지 않는 세력과 그것을 추구하는 세력 간의 갈등 선상이라 해도 좋다. 다른 말로 하면, 세상을 바꾸려는 진보와 그것을 지키려는 보수와의 끊임없는 투쟁의 결과물이다. 핵심은 역사는 진보해 왔다는 거다. 그것이 혁명이든 진보 세력의 점진적 개혁이든 아니면 보수가 내민 손양보이든 세상은 바뀌어왔다. 그것이 비트코인의 가능성을 말해준다. 그것이 어떻게 진화하든 기존 질서인 '법화'에 대한 도전은 계속될 것이기 때문이다.

비트코인의 성공을 예단하는 건 어리석다. 중요한 것은 그것이 국가가 가진 최고 권력 중 하나인 '화폐 발행'에 도전했다는 데 있다. 그리고 그 도전은 현대의 주요 흐름인 '자유'를 그 근간으로 하고 있다는 점이 중요하다. 더는 '자유'란 가치를 역사의 뒤안길로 밀어낼 수 없다. 진보는 '자유'를 잉태했고 그것은 이미 '보수'마저 인정하는 가치가 됐다. 이 때문에 비트코인으로 대변되는 화폐 발행의 '자유 추구' 또한 피할 수 없는 역사 흐름이다. 그것이 제도권으로 편입되느냐 여부는 그리 중요하지 않다. 설사 기득권이 양보해 편입된다 해도 그건 먼 훗날의 가능성에 불과하다.

비트코인의 탄생은 매우 중요한 의미를 가진다. 비트코인을 단순히 '천재들의 몽상' 혹은 '장난감'으로 취급해 무시하는 것은 대단히 큰 실수다. 비트코인은 기득권에 대한 도전이자 인류의 '자유 추구'를 향하는 역사의 산물이다. 이것이 비트코인이 품은 진정한 의미다.

마이너스 금리와
비트코인

그리스의 채무불이행_{디폴트} 우려가 커지면서 가상화폐 비트코인의 몸값이 급등하고 있다.

18일_{현지시각} 런던 비트코인 거래소인 비트스탬프에서 1비트코인 가격은 0.29% 오른 248.41달러를 기록했다. 비트코인 값은 이달 들어서만 12% 뛰었다. 그리스의 유로존_{유로화 사용 19개국} 탈퇴 가능성이 높아지면서 그리스 예금자들과 유로 투기세력들의 비트코인 매수가 부쩍 늘었다. 금과 비트코인을 연동한 거래소 볼토로의 조슈아 시갈라 최고경영자_{CEO}는 "최근 그리스 지역에 기반한 트래픽이 124%까지 치솟았고 유럽 전체로는 64% 정도 증가했다"고 말했다. 그리스 정부가 자본통제 등 극단적인 조치를 취할 가능성이 커지며 은행에서 현금을 인출해 비트코인으로 바꿔두려는 수요가 증가하고 있다는 의미다.

미국 CNBC 방송은 최근 분위기가 지난 2013년 키프로스 부도 위기 때와 비슷하다고 설명했다. 당시 키프로스에서도 외화유출, 환율급등 등 금융시장이 요동치면서 국민들이 비트코인 사재기에 나섰다. 비트코인 값은 2013년 11월 한 달 동안 무려 470% 넘게 폭등하면서 1126달러로 역대 최고치를 기록했다.

· 아시아경제, 2015. 06. 19.

지난 2013년 말, 비트코인으로 세계가 뜨거웠다. 이제 막 걸음마를 뗀 신종 디지털 화폐에 대한 기사와 방송이 연일 넘쳐났다. 좀처럼 보기 힘든 현상이었다. 아직 대중화는 물론이고 기존 통화시스템에 그다지 큰 영향을 미친다고 볼 수 없는 신종화폐에 대한 관심치고는 과하다고 할 수 있었다.

마침내 세계 각국의 중앙은행까지 나서 돌아가며 이 신종화폐에 집중포화를 퍼부었다. 이들 엘리트집단은 비트코인을 악마의 유혹으로 표현했다. 자금세탁·암시장·약물과 같은 어두운 단어들로 이를 상징화했다. 이제 막 대지를 뚫고 올라오는 새순에 대한 대접치고는 무자비했다. 그런데도 위 기사처럼 비트코인은 꿋꿋하게 살아있다. 오히려 특정 국가에 위기가 닥칠 때마다 그 몸값을 높이고 있다. 다시 말해, 특정 국가의 통화시스템에 이상이 생길 때마다 사람들은 비트코인을 찾고 있다. 대체 그 이유는 뭘까?

명목금리 하한이란 덫

경기가 침체하면 중앙은행은 금리를 내린다. 투자를 촉진해 성장에 속도를 내려는 의도에서다. 그러나 금리가 제로에 다다르면 중앙은행으로서는 더는 대응할 수단이 마땅히 없다. 이를 보통 명목금리하한Zero Lower Bound이라 부른다. 금리를 더는 낮출 수 없는 경계선을 뜻한다. 이로써 금리는 통화정책 수단으로서 기능을 잃는다. 명목금리를 제로 이하로 낮출 수는 없기 때문이다. 아니 낮출 수는 있지만, 그 부작용 때문에 감히 엄두를 못 낸다.

명목금리 하한에 부닥치면 기대투자와 기대저축이 같아지는 자연평형은 불가능하다. 대신, 실질균형금리가 마이너스인데도 명목금리는 제로 상태가 돼 체감 금리는 높아진다. 마이너스 실질균형금리는 기대인플레이션율이 마이너스 상황일 때 발생한다. 다시 설명하면, 인플레이션이 극히 낮거나 실제로 디플레이션 상황일 때 투자는 마이너스 금리 상태가 되어야 발생할 수 있다. 명목 금리가 제로라도 투자하지 않고 돈을 저축 상태로 유지하는 게 이득이라고 경제주체가 판단하기 때문이다. 한데, 명목금리는 제로 상태에서 더는 내려갈 수 없으니 투자가 일어나지 않는다. 비록 금리는 제로 상황이지만, 경기주체가 느끼는 체감 금리는 플러스 상태가 되기 때문이다. 인플레이션이 아닌 디플레이션 상황이 되면 실질균형금리 즉 저축이 투자로 연결되는 금리는 마이너스 상황일 때 발생하게 된다.

돈을 푸는 목적은 인플레이션 유발에 있다. 하나, 깊은 경기침체는 경제주체들 간에 자신감을 급속히 앗아가 소비와 투자가 얼어붙는다. 때론 마이너스 상황으로 이끈다. 결국, 인플레이션이 발생하지 않거나 디플레이션 상황이 온다. 더불어 미래 시점에 인플레이션이 발생할 거라는 기대 또한 급속히 저하된다. 그만큼 경제주체들의 불안 심리가 크게 영향을 미치기 때문이다.

이렇게 되면 명목금리는 비록 제로지만 현금을 보유하려는 욕망이 커져 저축이 늘게 된다. 소비는 줄고 투자는 감소한다. 총수요 부족이 현실이 되는 것이다. 결국, 경기는 좀처럼 살아나지 않는다. 일본이 수십 년 동안 겪어왔으며 2014년 유로존이 경험한 디플레이션 현상이다. 명목금리는 비록 제로에 불과하지만, 물가가 하락하기 때문에 사람들은 웬만해선 소비와 투자를 하지 않는다. 같은 1,000원이라도 오늘 혹은 가까운 미래에 물가가 하락한다면 그 돈을 쓸 사람은 없다. 비록 이자를 받지는 못하더라도 돈 가치는 시간이 지날수록 높아질 것이 분명하기 때문이다.

명목금리 하한에 문제는 또 있다. 최근까지 현대 경제는 일본을 제외하곤 명목금리 하한에 경험이 없었다. 그러다가 2008년 대침체 이후 미국을 비롯한 선진국은 불가피하게 이를 겪게 됐다. 금리 조작을 통한 경기부양이 불가능한 상황을 맞았던 탓이다.

탈출구는 하나였다. 바로 일본은행의 과거 행태를 따라 하는 양적완화란 비전통적 통화정책이었다. 문제는 이 같은 비전통적 통화정책이 비록 일시적인 효과를 거둬 경기가 회복되더라도 상시화할 가능성이 크다는 것이다. 래리 서머스나 크루그먼이 바로 이 점을 강조한 바 있다.

세계가 경제 위기를 극복해낸다고 해도 금리는 제로 상태에서 크게 오르지 못할 것이다. 그런 상태에서 다시 경기침체가 오면 중앙은 행은 분명 금리를 제로로 내릴 것이다. 세계는 거듭 명목금리 하한을 경험할 수밖에 없는 것이다.

이런 침체 상황에서는 이전보다 통화정책을 운용하는 일이 더 어려워진다. 낮게 유지된 금리 탓에 그 조작을 통한 경기부양이 어렵기 때문이다. 금리조작을 통한 경기부양은 그 폭이 커야 효과가 높다. 한데 금리가 낮게 유지된 상태이므로 금리 인하의 폭은 좁을 수밖에 없다. 그만큼 통화정책의 효과는 떨어진다. 결론적으로 현 통화정책으로는 경기회복을 장담할 수 없는 지경이 돼버린 것이다.

양적완화는 일상화가 될 것이다. 하나, 만성적 양적완화는 부작용이 크다. 일부 자산시장만 부양되기에 실물경제와 자산시장의 양극화만 심화하는 결과를 초래할 수 있다. 이는 경제를 살리기보다 되레 죽이는 결과로 이어질 수 있다.

미국을 비롯한 세계는 양적완화에 대한 실제 경험이 짧다. 양적완화란 '예외적' 조치를 정상으로 되돌려본 적도 없다. 전례가 없는 일을 정상화하는 데는 수많은 시행착오가 따른다. 더욱이 오늘날 세계는 비정상이란 수렁에 너무 오래 갇혀 있었다. 정상으로의 복귀는 힘들 수밖에 없다.

오늘날 세계가 빠져 있는 수렁은 다름 아닌 'QE Trap'이다. 굳이 번역하자면 '양적완화의 덫'이 될 것이다. 이 용어는 노무라증권의 리차드 쿠Richard Koo가 만든 것으로, 그는 세계 최고의 양적완화 전문가라 할 수 있다. 모두가 알다시피 일본의 양적완화 역사는 깊다.

이 때문에 일본인인 그가 양적완화 전문가가 된 것은 어쩌면 당연한 일이다. 그런 그가 미국을 비롯한 세계가 '양적완화의 덫'에 걸렸다고 주장하고 있다. 세계는 한마디로 너무 쉽게 양적완화에서 탈출을 기대한다는 것이다. 덫에 걸린 짐승이 빠져나오는 건 어렵다. 반드시 대가를 치러야 한다.

양적완화라는 덫

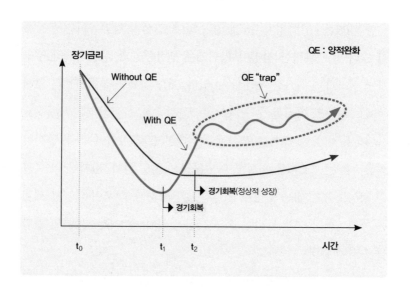

거품 붕괴가 시작된 시점이 t0이다. 이때부터 중앙은행이 나서 양적완화를 시행하면 장기금리는 순식간에 내려간다. 자율적 시장 메커니즘에 따른 것이 아니라 중앙은행의 인위적, 강제적 개입이라서 양적완화를 시행하지 않았을 때보다 그 속도는 가파를 수밖에 없다. 그림의 t0에서 t1에 이르는 기간이다.

마침내 t1 시점부터 경기회복이 빠르게 시작된다. 반면, 양적완화를 시행하지 않았을 때 장기금리는 서서히 내려가며 그에 따라 경기회복도 더디게 진행된다. 양적완화를 시행했을 때는 t1 시점에서 회복이 시작되지만 안 했을 때는 그보다 늦은 t2 시점에서 시작된다. 경기회복이 시작되는 시점까진 분명 양적완화가 효과가 있다고 할 수 있다.

단, 경기회복이 시작되는 동시에 양적완화의 한계가 드디어 모습을 드러낸다. 과격한 처방이나 수술은 부작용을 불러오기 마련이다. 그 후폭풍은 강제로 억눌려왔던 장기금리가 빠르게 상승하는 것이다. 마치 용수철이 튀듯 급격히 오르는 게 상례다. 이유가 있다.

중앙은행이 시중은행 채권을 사들이면서 은행엔 현금 즉, 초과지급준비금이 과다해진다. 그것이 적정량 이상 되면 중앙은행은 시중의 현금유통량을 줄여야 한다. 구체적으로 보유하고 있던 장기채를 시중에 매각하거나 사들이는 양을 줄이는 방식을 쓴다. 바로 '테이퍼링'이다. 시중에 채권이 늘어나면 자연스레 그 가격은 하락하게 된다. 금리 상승으로 이어지는 것이다.

장기금리가 오르기 시작하면 금리 민감 업종에서는 수요가 줄기 시작한다. 부동산이나 자동차를 살 때는 대부분 장기대출을 이용하는데 금리가 오르니 수요가 줄 수밖에 없다. 이는 회복해가던 경기의 발목을 잡게 된다. 그러면 중앙은행은 다시 정책 기조를 조정해야 한다. 울며 겨자 먹기 식으로 기존 양적완화 축소 혹은 철회 방침에서 한발 물러서야 하는 형국이 되는 것이다.

어쨌든, 중앙은행의 완화책이 지속한다는 메시지는 시장을 안심시켜 장기금리는 내려가게 되고 경제는 다시 회복 조짐을 보이게 된다. 하지만 경기가 회복될수록 시장 참여자들은 중앙은행이 초과지급준비금을 흡수할 수 있다는 데 다시 촉각을 곤두세우게 된다. 결국, 장기금리는 또다시 오른다.

정리하면, 양적완화 ···▶ 장기금리 하락 ···▶ 회복 ···▶ 양적완화 축소·종료 ···▶ 장기금리 상승 ···▶ 회복 둔화 ···▶ 양적완화 축소·종료 철회 과정이 반복된다. 이에 따라 장기금리가 계속 오르내리는 악순환에 빠지게 된다. 게다가 양적완화를 시행하지 않았을 때보다 장기금리는 높게 유지돼 견고한 회복을 막는다. 이게 '양적완화 덫'이다.

반면, 양적완화를 시행하지 않을 땐 회복 국면t2 시점에서 장기금리는 비교적 느리게 상승한다. 강제로 억눌린 것이 아니므로 시장 흐름에 맞게 서서히 오른다. 이는 건강한 경기 회복의 원천이 된다. 경기 회복 속도도 양적완화를 시행했을 때보다 더 빠르다.

역사가 주는 교훈

인류에게 양적완화를 정상으로 되돌린 경험은 아직 없었다. 그 원

조라 할 일본 역시 축소를 반복하기만 했지 그 수렁에서 완전히 벗어나지 못하고 있다. 그나마 1930년대 대공황이 위안이다. 통화정책 실패란 역사적 경험을 물려주었기 때문이다.

1929년 대공황 이후 미국은 나름 힘찬 회복을 한다. 완화적 통화정책이 효과를 보인 것이다. 그런데 미국은 1937년 중반에 이르러 다시 침체에 빠진다. 이유가 있다. 연준이 1936년 8월, 1937년 3월, 1937년 5월에 연이어 지급준비금 비율을 올린다. 이 기간에 무려 두 배나 인상했다. 이로써 미국 경제는 1936년 여름 정점을 찍은 후 수직으로 하락한다. 지급준비금이란 은행이 예금인출에 대비해 의무적으로 중앙은행에 예치해야 하는 돈을 말한다. 이 비율이 두 배로 올랐다는 건 그만큼 은행의 현금유동성이 줄어든다는 뜻이다. 그에 따라 은행의 신용창출 능력은 하락한다.

연준이 이런 조치를 감행한 이유는 은행의 초과지급준비금 규모가 막대했기 때문이다. 연준은 은행이 이 초과지급준비금을 이용해 신용창출에 공격적으로 나설 것을 염려했다. 즉, 과도한 대출과 자산시장으로 유동성이 이동할까 봐 경계했다. 인플레이션에 가속도가 붙는 것을 두려워한 것이다.

그러나 오판이었다. 은행 초과지급준비금이 실제로 그렇게 많지 않다는 사실을 이해하지 못했다. 은행은 대공황 당시 유동성 부족에 대한 트라우마가 있었다. 그래서 할 수 있는 한 많은 현금을 보유하려고 애썼다. 그런데 지급준비금 비율이 오르자 보유 유동성 대부분을 지급준비금으로 전환해야 했다. 그럴수록 은행은 더 많은 현금을 유지하려 했다. 방법은 대출을 줄이고 증권자산을 내다 팔아 현금을 모으는 것뿐이었다. 이는 신용창출 하락으로 이어졌다.

대공황으로 1930년에 심각하게 줄어든 은행의 신용창출은 1934년이 돼서야 겨우 되살아나기 시작했다. 그런데 연준이 잘못된 처방을 내려 1936년부터 신용창출은 정체를 시작해 1937년 후반기엔 오히려 줄어들게 된다. 그에 따라 1933년 봄부터 시작된 경제 성장세도 1937년 5월에 그 정점에 이른 뒤 다시 주저앉기 시작했다. 은행 신용창출이 줄면서 생긴 필연적 결과였다.

그렇다면 2015년엔 어떨까? 대공황 때 지급준비금 비율을 올린 것과 테이퍼링 또는 양적완화를 완전히 중단하는 이유는 같다. 다 같이 은행의 초과지급준비금을 흡수하는 행위다. 따라서 그 결과도 비슷하게 나타날 것이란 추론은 합리적이다. 결국, 과거 경험으로 본다면 미국 경제의 확장세는 2015년 말 즈음에 정점에 이른 후 다시 주춤할 가능성이 크다. 양적완화 중단으로 은행의 신용창출이 부정적 영향을 받을 것이 분명하다. 2015년엔 그리 유의미한 변화를 보이진 않을 것이다. 오히려 2013년 4분기에 이뤄진 신용창출 가속도로 명목소비 또한 늘어날 가능성이 크다. 실제로 2014, 2015년에 미국 소비자지출은 견고한 증가세를 보였다. 그런데 이게 문제다.

미국 내 이런 긍정적 거시지표를 근거로 연준은 테이퍼링 속도를 높이고 마침내 중단했다. 게다가 2015~2016년에는 금리 인상을 시도할 것으로 보인다. 이 때문에 명목소비 성장세는 필연적으로 점차 줄 수밖에 없다. 일단 성장이 주춤하면 그 추세를 되돌리기는 무척 어렵다. 마치 대공황 당시 연준이 지급준비율을 인상하면서 경제가 재침체한 것처럼 될 수 있다. 그렇게 되면 연준은 다시 양적완화를 재개할 것이다.

양적완화의 덫은 이미 입증된 사실이다. 연준이 테이퍼링을 언급할 때마다 장기금리가 올랐던 게 그 증거다. 설상가상 대공황 때처럼 연준의 테이퍼링을 통한 양적완화 중단이나 금리 인상 시도는 시중은행의 신용창출을 급격히 떨어뜨릴 수 있다. 이는 간신히 살아나는 경기 회복에 찬물을 끼얹는 행위가 될 수 있다. 여기에 연준의 고민이 있다. 덫에서 빠져나오는 건 정말 힘든 일이다.

드디어 마이너스금리시대가 오는가?

세계는 금융위기의 긴 터널을 좀체 빠져나오지 못하고 있다. 저성장은 이제 새로운 규범이 됐다. 각국 중앙은행이 분투하지만 낮은 인플레이션과 높은 실업률이 더는 낯설지 않다. 과거 2%대 성장은 정체였지만 이제 이를 회복이라 받아들인다. 그만큼 저성장은 선진국을 비롯해 그 문턱에 근접한 국가들에겐 숙명이 돼가고 있다. 총알은 이미 다 쏴버린 상태다. 하다못해 양적완화란 비전통적 폭탄까지 동원해 융단폭격을 한 상태다. 그러니 남아 있는 화력이 변변치 않다.

무슨 수를 쓰더라도 방안을 찾아내려 하겠지만, 현 시스템으로는 불가항력이다. 전통적 통화정책이야말로 경제를 통제하고 성장을 촉진하는 가장 좋은 수단이란 강변은 더는 유효하지 않다. 현대경제는 침체가 반복하는 역사라 해도 과하지 않다. 1990년대 말 러시아와 아시아 금융위기, 2000년대 초 미국의 닷컴 거품 붕괴 그리고 2008년 금융위기 등등. 세계 경제는 몇 년을 주기로 심한 열병을 앓아왔다. 이는 현 통화시스템에 결함이 있음을 의미한다. 더는 미래 경제에 버팀목이 될 수 없다는 비관론이 힘을 얻는 이유다. 침체를 막고 아무리 기다려도 좀처럼 다가오지 않는 회복을 촉진하려면 뭔가 다른 수단을 찾아내야 한다.

그 방편으로 검토되는 것이 있다. '마이너스 금리' 제도다. 연준과 유럽중앙은행 등은 이미 마이너스 금리를 고려 중이다. 최근 통화 엘리트들은 명목금리 하한을 무너뜨리려고 고군분투하고 있다. 마이너스 금리에 이론적 근거를 마련하느라 총력을 기울인다. 실제 유럽중앙은행은 2014년 6월 초, 시중은행이 중앙은행에 예치하는 예치금 금리를 0%에서 마이너스 1%로 내렸다. 목적은 분명하다. 은행은 현금을 쌓아두지 말고 대출을 하라는 압력이다.

대침체 시기에 기업은 투자를 꺼린다. 이들이 적극적으로 투자에 나서도록 유인하려면 인센티브를 주는 수밖에 없다. 투자나 소비를 위해 은행에서 돈을 빌리면 일종의 프리미엄을 주는 것이다. 돈을 공짜로 빌려주겠다는 소리다. 이 말은 예금자에겐 결국 마이너스 금리를 부과하겠다는 것이다.

하지만 극복해야 할 문제가 있다. 짐작하듯 바로 '뱅크런'이다. 중앙은행이 금리를 제로 이하로 낮추면 예금자는 은행에서 돈을 인출해 차라리 금고에 보관하려 할 것이다. 종이 화폐 시스템에서는 화폐의 물리적 인출이 얼마든지 가능하다. 그것이 중앙은행이 일반 예금자를 대상으로 마이너스 금리를 시행하지 못하는 가장 큰 이유다.

다행히 최근 이에 대한 보완책을 제시하는 학자들이 늘고 있다. 미시간 대학 마일스 킴볼이 대표적이다. 그는 이 문제에 이론적 해결책을 제시했다. 중앙은행이 침체에 대응할 수 있도록 명목금리를 제로 이하로 가져갈 수 있는 전자화폐 형태를 제시한 것이다. 그 주장은 비교적 간단하다. 현재의 종이 화폐와 함께 e－달러e-dollar란 디지털 화폐를 도입하자는 것이다.

현재, 100달러 지폐는 은행에서도 100달러 가치를 가진다. 만약 금리가 연 10%라면 일 년 후 예금자는 110달러를 갖게 된다. 하지만 이율이 －10%라면 예금자는 일 년 후 90달러를 받게 된다. 이 때문에 예금자는 손해를 보지 않으려 돈을 찾는다. 은행이 뱅크런에 직면할 수밖에 없다. 이런 한계를 극복하고자 만든 게 e－달러다.

논리는 이렇다. 예금자가 은행에 돈을 예치하는 순간 종이 화폐는 e－달러가 된다. e－달러는 마이너스 금리 상황에서 종이 화폐의 원래 액면가와 똑같은 교환을 보장받는다. 즉, 일 년 후 90 e－달러를 인출할 때는 100달러 종이 지폐로 환전해 준다는 것이다. 이렇게 하면 마이너스 금리가 되더라도 예금자들이 돈을 대량인출하는 사태를 막을 수 있다. 종이 화폐 특유의 단점이 자연스레 사라져 명목금리 하한이 갖는 문제를 해결할 수 있다는 것이다.

킴볼은 이 수단으로 인플레이션과도 작별할 수 있다고 주장한다. 일단 명목금리 하한선을 없애버리면 인플레이션 목표를 설정할 필요가 없게 된다는 것이다. 현재 선진국 중앙은행 대부분은 2% 인플레이션 목표를 지향한다. 이는 중앙은행이 끊임없이 추가 유동성을 공급하기 때문이다. 그런데 마이너스 금리를 도입하면 추가로 유동성을 공급할 필요가 없게 된다. 기존 유동성만으로도 기업에 차입 의욕을 높여 충분히 경기를 자극할 수 있기 때문이다. 사실 0% 인플레이션 목표를 설정하지 못하는 이유는 디플레이션 우려가 너무 큰 탓이다. 이 상황에선 명목금리가 낮을 수밖에 없다. 그래서 금리 인하의 폭에 제한을 받아 침체에 대응하는 게 매우 힘들어진다. 그런데 마이너스 금리를 허용하면 중앙은행의 금리 가용성이 커지면서 빠른 대처가 가능해진다. 추가 유동성을 공급하지 않아도 되니 인플레이션이 발생하지 않는다는 것이다. 킴볼은 이것이 제로금리 하한을 없앰으로써 얻을 수 있는 또 한 가지 장점이라 강조한다.

비트코인은 미래 통화시스템의 창

중앙은행은 엄청난 도전에 직면한 상태다. 하지만 현 통화시스템으로는 이를 해결할 수 없다. 어쩌면 마이너스 금리제도는 이들이 선택할 마지막 수단일 수 있다. 킴볼로 대변되는 이들의 이론을 현실경제에서 적용하는 것은 완전히 새로운 실험이다. 누구도 그 결과를 알 수 없다.

　사람들은 바로 이 점 때문에 비트코인에 열광한다. 이들은 법으로 강제된 화폐인 '법화'의 급격한 변화 가능성과 끊임없는 가치 하락에 주목한다. 중앙은행은 자신들 시스템에 누수가 생긴 걸 대중이 눈치채고 그 대안을 찾는 걸 무서워한다. 비트코인을 비난하는 이유다. 그럼에도 비트코인의 가능성은 무궁무진하다. 그 자체가 네트워크의 공개성과 유연성을 기반으로 하는 덕분이다.

　1990년대 중반 웹이 막 세상에 모습을 드러낼 때 사람들은 그 미래를 의심했다. 컴퓨서브Compuserve, 미국의 PC 통신망으로 한국 하이텔 천리안의 원조와 같은 통신망이 있는데 군이 그것이 왜 필요하냐는 의문 때문이었다. 하지만 이제 중앙집권적 통신망은 이 세상에 존재하지 않는다. 하이텔이나 천리안은 그 흔적을 찾을 수도 없다. 웹은 유연성과 공개성으로 표준이 됐다. 누구나 인터넷에선 유튜브, 트위터 같은 혁신에 참여할 수 있다. 똑같은 현상이 비트코인에서도 일어날 거라 믿는 건 충분히 합리적이다.

　물론 비트코인은 진화를 멈추고 역사 속으로 사라져버릴 수도 있다. 혹은 단순한 투기 상품으로 머물 수도 있다. 하지만 비트코인으로 대변되는 '대안 화폐'는 '법화'의 한계를 뛰어넘는 진화를 계속할 것이다. 어쩌면 비트코인은 통화시스템에서 미래를 보여주는 창일 수 있다. 금융 엘리트들이 반성해야 할 건 바로 이점이다. 배타적 발권력, 중앙집권적 통화정책으로는 현 침체를 극복할 수 없다. 게다가 세상은 끊임없이 네트워크화 그리고 분권화하고 있다. 종이 화폐 시스템으로는 미래에 대응할 수 없다.

방법은 킴볼이 주장하는 전자화폐일 수도 비트코인의 진화일 수도 있다. 그것이 어떤 형태든 통화 엘리트들은 이제 가슴을 열고 귀를 기울여야 한다. 다른 부문은 나날이 발전하는데 전통만을 고집하며 과거에 안주하는 건 위기 돌파구일 수 없다. 더는 독점적 발권력과 전통적 통화체제에 집착할 일이 아니다.

은행을
금하라

유럽중앙은행ECB이 지난 3월부터 월 600억 유로 규모의 양적완화QE를 전격 단행했지만 유로존의 대출은 줄어든 것으로 나타났다.

■ 뉴스핌. 2015. 05. 30.

위 기사는 현대에 돈을 누가 만들어내는지 은연중에 보여준다. 오늘날 우리가 쓰는 돈은 분명 중앙은행이 찍어낸다. 한데 중앙은행이 아무리 돈을 찍어내도 대출이 줄어들면 어떻게 될까? 시중엔 돈이 돌지 않는 현상이 발생한다. 위 기사는 이 같은 현상을 우려하고 있다. 그렇다면 왜 이런 일이 발생하게 되는 걸까? 특정 경제 시스템에 흐르는 돈은 중앙은행이 공급한 본원통화와 시중은행이 만들어낸 '신용'의 총합이기 때문이다.

　시중엔 언제나 중앙은행이 찍어낸 본원통화 이상의 돈이 유통된다. 이른바 신용이라 불리는 돈이다. 한데, 이 돈이 적게 창출되면 중앙은행이 아무리 돈을 찍어내도 시중엔 돈 가뭄 현상이 발생하게 된다. 그렇다면 이 돈은 대체 누가 만들어내는 걸까? 더 자세히 알아보자.

"은행은 뭘 하는 데야?" 이런 의문을 품는 사람은 거의 없다. 우리 대부분은 은행 본질에 의문을 가질 이유가 없다고 생각한다. 예금과 송금을 하고 필요할 때 돈을 빌리는 장소로, 당연히 존재해야 하는 필수재로 여긴다. 마치 공기와 같다고 믿는다. 그러고는 다 안다고 자부한다.

그럼 "은행이 우리에게 돈을 빌려줄 때 그 돈은 어디서 오는 것인가?"란 질문은 어떤가. 대부분은 그것도 질문이라고 하는 거냐며 비웃을 것이다. 답은 이미 경제학 교과서에 수없이 제시됐기 때문이다. 이들 교과서는 대출 원천이 예금이라 강조한다. 그런데 이상한 일이 아닐 수 없다. 시중에 유통되는 돈은 언제나 예금 규모를 몇 배나 초과한다. 그래도 대중은 여전히 경제학 교과서를 맹목적으로 신뢰한다.

예금이 대출의 원천이라는 것은 온전한 사실이 아니다. 현대식 은행은 그런 식으로 작동하지 않는다. 우리는 은행에 대해 거의 모른다. 공기 성분이 뭐냐는 질문에 선뜻 정답을 말하는 사람이 적은 것과 마찬가지다.

진짜 은행 작동방식

현실에서 은행은 예금을 기반으로 대출하지 않는다. 은행이 주택 담보대출을 비롯한 기타 대출을 해줄 때 누군가의 예금을 토대로 하지 않는다는 것이다. 더 정확히는 불특정 다수의 예금으로만 대출재원을 마련하는 게 아니다. 그럼? 현대 은행은 단지 대출받는 이의 계정에 신용credit을 부여하는 것뿐이다.

영국 중앙은행인 영란은행이 2014년 1분기에 발표한 〈현대 경제에서 돈의 창조Money Creation in the Modern Economy〉란 놀라운 연구보고서가 이를 잘 대변한다. 은행은 예금자와 차주 사이 대출중개자라기보다는 오히려 '돈을 창조'하는 역할을 한다. 오늘날 돈이 만들어지는 방식은 경제학 교과서와는 다르다. 우린 중앙은행이 돈을 '찍어 낸다'고 생각하지만, 이는 절반만 정답이다. 실제 현대경제에 유통되는 돈은 그저 은행이 자기 대차대조표를 바꾸기만 하면 된다. 다음은 영란은행의 연구보고서를 요약한 것이다.

현대경제에서 돈 대부분은 은행 예금의 형태를 가진다. 그러나 은행 예금이 만들어지는 방식에 대해서는 오해가 자주 발생한다. 예금은 누군가가 은행에 자기 돈을 맡기는 것으로도 발생하지만, 이는 상대적으로 적은 금액이다. 경제 시스템에서 유통되는 돈 대부분은 은행이 대출하는 순간 만들어진다. 대출이 이루어지면 차주의 은행 계좌엔 그와 똑같은 액수의 예금이 생성된다. 새로운 돈이 만들어지는 것이다. 은행은 가계나 기업의 저축을 바탕으로 대출한다기보다는 대출을 통해 예금 즉, 돈을 만들어낸다. 이것이 언제나 본원통화를 웃도는 돈이 시중에 유통되는 이유다.

물론 은행은 무제한으로 돈을 만들어내지는 못한다. 중앙은행이나 정부에서 규제하는 까닭이다. 그중에도 중앙은행의 통화정책은 가장 큰 걸림돌이다. 금리를 높이면 은행 대출 즉, 신용창출은 제한되기 마련이다. 또 은행업은 독점이 아니다. A 은행이 아무리 많이 대출을 늘리고 싶어도 B나 C 은행과 경쟁해야만 한다. 가계와 기업은 기존 금리보다 싼 금리로 돈을 빌릴 수 있게 되면 기존 대출을 상환한다. 그러면 과거에 만들어졌던 돈은 사라진다. 대출받은 은행에 존재했던 차주의 기존 예금도 동시에 사라지기 때문이다. 물론 대출할 수 있는 시장도 한정돼 있다.

그렇지만 일반 은행이 돈을 만들어내는 사실에 변함은 없다. 우리는 흔히 중앙은행이 인쇄기를 돌려 돈을 만들어낸다고 알고 있지만, 위에서 보듯 화폐는 은행에서 만들어진다. 정말 놀라운 일이지만 정부가 가져야 할 권력을 은행에 아웃소싱한 셈이다. 화폐발행은 이미 민영화 또는 사영화된 상태다.

은행 시스템을 바꿔야 하는 이유

현 은행 시스템은 위험하기 짝이 없다. 돈을 만들어내는 권력을 은행이 가졌기 때문이다. 무엇보다 가장 큰 문제는, 거듭되는 금융위기에서 보듯, 은행이 그 자본보다 턱없이 많은 신용을 만들어낸다는 데 있다. 이 때문에 위기가 닥치면 은행 스스로 손실을 흡수할 방법이 없다.

은행은 사기업이다. 이론적으로 위험이 닥치면 주주들이 이를 온전히 부담해야 한다. 하지만 현실에서는 그 대부분을 일반 대중이 떠안는다. 주주들은 시절이 좋을 때 천문학적인 배당이라도 받지만, 대중은 아무런 이익을 챙기지도 못하면서 손실만 부담한다. 부조리하다.

2008년 금융위기 이후 '은행 살리기'가 유행이 되다시피 했다. 미국, 유럽, 일본에서 수많은 은행이 국가국민 도움으로 간신히 파산을 면하고 있다. 이는 한국에서도 예외가 아니다. 2012년 저축은행 몇 개가 정리됐지만, 제2금융권은 여전히 위태롭다. 이런 상황에서도 이들은 대출액을 계속 늘린다. 여전히 책임지지도 못할 엄청난 돈을 만들어내고 있는 셈이다.

'고금리' 저축은행 가계대출은 11조 3천억 원, 사상 최대를 기록하고 있다. 이는 2011년 저축은행사태 직전 최대치를 경신한 액수다.

■ 연합뉴스, 2015. 06. 01.

금융위기 이후 은행 건전성을 강화하려는 여러 방안이 추진되고 있다. 하나, 이들 모두는 근본적인 치유책이 될 수 없다. 은행 자본규모를 확충하자는 바젤 III도 마찬가지다. 자산 건전성을 높인다고 하지만 은행 자산 중 겨우 3.5%에 불과한 보통주자본비율만을 강제하고 있을 뿐이다. 이는 결국 은행이 자신들 포트폴리오에서 3.5% 이상 손실을 내면 지급불능 상태에 빠진다는 걸 의미한다.

결과는 변하지 않는다. 납세자가 나서 은행을 규제해야 하는 상황이 반복될 수밖에 없다. 자기자본비율을 대폭 늘리면 조금은 더 안전해질 수 있을 것이다. 그러나 이 또한 완벽한 처방이라 예단할 수 없다. 은행 시스템을 근본적으로 바꾸는 것이 아니기 때문이다. 자본이 늘어나면 도움이 될 것이고 납세자 부담은 줄겠지만, 은행 실패라는 리스크는 완전히 사라지지 않는다.

방법은 있다. 현재 은행은 크게 두 종류 비즈니스를 한다. 예금수탁과 신용창출이 그것이다. 은행을 구하고 그 실패로 인한 반복된 위기를 겪지 않으려면 이 둘을 분리하면 된다. 예금수탁자가 신용을 창출하지 못하도록 하면 된다. 신용창출자는 예금을 받아선 안 된다.

예일대 경제학자인 토빈James Tobin 교수가 말했듯 "예금수탁과 상업은행을 연계시킨 건 역사의 실수다." 이 실수를 고치려면 예금수탁과 신용창출자를 분리하고 은행 예금과 중앙은행의 지급준비금을 일대일로 매치시키는 게 최선이다. 대출 자금의 원천이 예금이 돼서는 안 된다. 그 돈은 자기 돈이 위험에 처할 수도 있다는 걸 충분히 인지한 투자자들 돈이어야 한다. 금융시장에서 조달한 자금이 대출 재원이 돼야 한다.

이런 접근법이 낯설 수도 있다. 하지만 이미 학계에서는 오래전부터 논의되던 것들이다. 어빙 피셔Irving Fisher와 폴 더글라스Paul Douglas가 1939년에 주창한 이른바 '시카고 플랜'은 밀턴 프리드먼, 제임스 토빈 등에 의해 계승됐다. 최근엔 IMF의 이코노미스트들도 이에 관한 보고서를 발표했다. 가장 최근엔 보스턴대학 경제학자인 라리 코틀리코프Larry Kotlikoff가 '제한된 목적의 은행'을 도입해 돈과 신용을 완전히 분리하자고 제안했다. 이론적으로 이들 주장은 80년 전 '시카고 플랜'과 같다.

시카고 플랜 다시 생각하기

2012년 8월, IMF에서 의외의 연구보고서가 한 편 발표됐다. 〈시카고 플랜 다시 생각하기The Chicago Plan Revisited〉란 이 보고서는 주류 화폐경제학의 심장을 겨냥하고 있다. 은행 시스템을 전면적으로 바꾸자는 이른바 '시카고 플랜'을 강력히 옹호한다. 그것도 실증적 연구로 '시카고 플랜'의 장점을 명확히 밝히고 있다. 보고서 결론은 혁명적이다. 현재 은행에 부여된 '신용 창출' 권한을 없애는 것만으로도 현대 금융이 안고 있는 수많은 문제가 해결된다는 것이다.

고통스러운 시기에 지적 발효는 왕성해진다. 대공황 당시도 마찬가지였다. 급작스레 인류에게 몰아닥친 고난은 기존 시스템과 학문에 깊은 회의감을 불러왔다. 경제학 분야는 말할 것도 없었다. 당시 선도적 사상가들은 기존 경제 시스템의 명확한 실패를 보며 그 해결책을 찾으려고 분투했다. 그중에서도 가장 눈에 띄는 성과는 금융경제학 분야에서 이루어졌다. 이유는 대공황이란 초유의 인류사적 위기를 촉발한 것이 은행 시스템과 직접적인 관련이 있었던 까닭이다. 그 결과물이 바로 '시카고 플랜'이었다.

'시카고'라 명명된 것은 시카고대학의 헨리 시몬스 Henry Simons 교수가 그것을 강력히 지지했기 때문이다. 이 계획에 박수를 보낸 수많은 위대한 사상가들이 있었다. 그중에서도 계량경제학의 창시자라 불리는 예일 대학의 어빙 피셔는 '시카고 플랜'을 명쾌하게 설명했다.

그 설명을 따라가기 전에 먼저 해야 할 일이 있다. 현대 은행 시스템에 대한 이해다. 그래야 위대한 사상가들이 '시카고 플랜'을 제안한 이유와 그것이 현시점에서 왜 반복해서 논의되고 있는지를 알 수 있다.

나름 인상적인 은행 광고가 있다. "XX은행에 예금하면 기업을 살립니다."란 광고다. 예금해야 기업이 살아난다는 게 핵심 줄거리다. 광고는 경제학 교과서에 실린 내용을 충실히 반복하고 있다. 암묵적으로 은행에서 대출 재원이 고객 예금임을 강조한다.

앞서 잠깐 살펴본 대로 일반 고객이 예금을 적게 한다고 은행에서 대출할 돈이 없어지는 건 아니다. 고객 예금에 비례해 대출해주는 것도 아니다. 하물며 예금주 돈을 금고에서 꺼내 차주에게 빌려주는 것도 거의 사실이 아니다. 물론 은행이 예금주 돈을 차주에게 빌려주는 '중개' 역할은 하지만 대출 재원 대부분은 은행이 스스로 만들어낸다.

다시 한 번 강조하건대 오늘날 예금 대부분은 은행이 대출하는 순간 만들어진다. 누군가가 은행에서 돈을 빌리면 그 계좌엔 똑같은 금액의 예금이 입금된다. 새로운 돈이 탄생하는 것이다. 그것이 저축률은 하락하는데도 전체 예금이 늘어나는 이유다. 누군가가 대출받으면 은행은 그 계정에 신용을 부여함으로써 돈을 생산해낸다.

현대 경제에서 유통되는 돈 대부분은 '신용'이며 이를 창출해내는 것은 중앙은행이 아니라 바로 민간 은행이다. 중앙은행은 본원통화만을 공급했을 뿐인데 현실 세계에선 언제나 그보다 훨씬 많은 돈이 유통된다. 민간은행의 실물에 기반을 두지 않는 '무無'에서 발행한 '신용' 때문이다.

시카고 플랜은 현 은행 시스템에서 한 묶음으로 이루어지는 '통화 기능'과 '신용 기능'을 분리하자는 것이다. 구체적으로 예금에 대해선 100% 지급을 보장하고 은행 신용 재원은 장부상에서 이루어지는 가공된 예금이 아니라 국가가 발행한 실제 돈으로 이루어지도록 해야 한다는 것이다. 간단히 말해, 은행이 신규 예금을 무에서 창조해 만들어내지 못하도록 해야 한다는 것이다. 실물 형태의 돈만이 예금이 될 수 있도록 말이다.

시카고 플랜의 장점

이렇게 함으로써 우린 무엇을 얻을 수 있을까? 이제 어빙 피셔가 주장한 시카고 플랜의 장점을 구체적으로 알아보자.

첫째, 신용 사이클에 대한 통제를 강화할 수 있어 반복적 경기변동을 줄일 수 있다. 경기변동은 실물경제 펀더멘털이 변화하면서 만들어내는 것으로 알려졌다. 하지만 현대 경제의 흐름을 유심히 보면 경기순환의 수축기는 급증한 은행 신용이 급락으로 이어지면서 시작됨을 알 수 있다. 다시 말해 신용 붐에 이은 거품 폭발이 주요 원인인 것이다. 결론적으로 경기변동은 펀더멘털 변화가 아니라 은행 신용 공급으로 결정된다.

따라서 은행에서 신용 기능을 분리하면 경기변동을 통제할 수 있다. 예금에 대한 지급준비금 규모가 작거나 거의 없는 금융시스템에서 특정 국가의 광의통화 창출은 거의 전적으로 은행의 예금 공급 의지로 결정된다. 반면, 시카고 플랜 하에서는 화폐와 신용의 양은 완전히 서로 독립된다. 국가는 화폐 공급량과 신용 확대를 직접 통제하게 된다. 은행이 대출 행위를 하려면 외부에서 자금_{실제 돈}을 조달해야만 한다. 스스로 그 돈을 만들어내는 게 아니므로 경기변동을 유발할 가능성이 줄어든다. 은행이 신용의 양을 좌지우지할 수 있는 개연성이 완전히 사라지는 것이다.

시카고 플랜의 둘째 장점은 뱅크런을 없앨 수 있다는 것이다. 예금은 100% 지급준비금으로 보장된다. 이는 급작스러운 은행 파산을 막아 금융안정성을 높인다. 동시에 은행이 그 핵심 기능인 대출 중개에만 집중할 수 있도록 해준다. 이것은 두 가지 조건이 충족돼야 가능하다. 첫째, 은행 시스템의 화폐성 부채monetary liability 즉, 예금은 국가가 발행한 돈인 지급준비금으로 완전히 보장돼야 한다. 둘째, 은행 시스템의 신용 재원은 뱅크런 염려가 없는 비화폐성 부채non-monetary liability로 조달돼야 한다. 즉, 자기자본과 국가로부터 얻는 대출로 충당돼야 한다. 가공된 예금 혹은 고객 예금이 아니어야 한다.

시카고 플랜의 셋째 장점은 순 국가부채를 획기적으로 줄일 수 있다는 것이다. 현재 시스템은 국가가 은행으로부터 오히려 돈을 빌려야 한다. 화폐 발행이 은행에 위임됐기 때문이다. 이 때문에 각국 부채는 상상을 초월한다. 하지만 시카고 플랜이 시행된다면, 은행은 대출 재원을 오히려 국가로부터 빌려야 하므로 국가 자산은 폭발적으로 늘어난다. 물론 이런 재원을 마련하려면 국가는 돈을 새롭게 발행해야 한다. 하지만 이들 돈은 더는 국가 부채가 아니다. 법화는 불태환이라서 돈 소유자는 돈 이외의 어떤 것으로도 교환을 청구할 수 없다. 돈은 돈만으로 교환될 뿐이다. 새롭게 발행되는 돈은 국가 부채가 아니라 자산이 되는 것이다.과거 금본위제에선 이론적으로 돈을 금으로 바꿔 달라고 하면 바꿔줘야 했다. 하지만 금본위제가 폐지된 현재 돈을 담보하는 것은 존재하지 않는다. 돈은 돈만으로 교환할 수 있다. 돈을 발행한 중앙은행에 가서 돈을 금이나 은으로 바꿔달라고 하면 바꿔주지 않는다.

사실 피셔와 그 동료들은 실증적 잣대로 '시카고 플랜'을 주장한 것이 아니었다. 이 통찰은 역사적 경험과 상식에 기반을 두고 있었을 뿐이다. 하지만 최근 계속되는 뛰어난 연구들이 그들 사상을 실증적으로 지지하고 있다.

라인하트Reinhart와 로고프Rogoff는 2009년 연구에서 역사 속 신용 붐 폭발 사이클과 뱅크런에서 발생하는 엄청난 비용을 실증적으로 입증했다. 2012년엔 슐라리크Schularick와 테일러Taylor가 높은 부채 수준이 주요 위기의 매우 중요한 예측 인자가 된다는 피셔의 견해를 실증적으로 증명했다. 이는 또 2010년 쿰호프Kumhof와 랑시에르Ranciere의 이론적 작업 결과와도 일치한다. 이들 모두가 은행 시스템 아래에서 무분별한 신용확대가 금융위기를 일으키는 원인임을 실증적으로 입증했다.

IMF 연구 또한 피셔의 주장을 실증적으로 연구했다는 데 의미가 있다. 연구자들은 미국 경제 동태확률일반균형DSGE 모델에 미국 금융시스템을 접목해 연구했다. 그 결과 시카고 플랜의 장점들이 단순히 천재들의 '몽상'이 아님을 확인했다. 게다가 이들 장점이 민간 금융시스템의 핵심적 기능을 해치지 않는다는 것도 확인했다. 시카고 플랜이 시행돼도 민간 금융기관은 지급 결제시스템의 주요 기능을 계속 수행했으며 효율적 자본 배분에 이바지했다. 물리적 투자활동을 촉진하는 신용은 지속해서 존재해 오히려 성장을 가속하는 것으로 나타났다.

그렇다면 과연 은행은?

시카고 플랜이 실현된 새로운 세계에서 은행은 필연적으로 지급·결제 회사로만 존재해야 한다. 그렇다면 과연 은행은 망할까? 그렇지 않을 것이다. 중앙은행에 맡긴 지급준비금에서 수취하는 이자보다 고객에게 지급하는 이자를 낮게 설정해 수익을 확보하면 된다. 물론 계좌이체 등 지급결제서비스에서 벌어들이는 수수료도 만만치 않을 것이다.

신용창출 기능은 대출전문회사가 수행하면 된다. 그 누구의 저축도 위험에 처하게 해서는 안 된다. 대출 재원은 예금이 아니라 위험을 감수하더라도 높은 수익을 추구하려는 투자자들에게서 조달하면 충분하다. 자기자본이나 부채를 얻어 충당해야 한다.

이 새로운 신용기관은 다양한 형태를 띨 수 있다. 채권, 뮤추얼펀드나 벤처캐피털 형식이 될 수 있다. 납세자와 정부가 나서 더는 구제금융을 제공할 필요가 없게끔 시스템을 구축해야 한다. 이것들은 경제의 지축을 흔들 수 있을까? 아마도 별일 없을 것이다. 신용창출은 줄겠지만, 금융위기 역시 대폭 감소할 것이다.

하지만 이런 논의는 또 다른 위기가 닥치지 않으면 커다란 진전을 이루지 못할 것이다. 게다가 반대도 만만치 않다. "은행 금지가 해답인가"란 글에서 폴 크루그먼은 은행 금지는 또 다른 문제를 낳을 수 있다고 경고했다. 은행을 금지하면 규제가 덜한 그림자금융이 더욱 기승을 부릴 수 있다는 것이다.

그런데도 은행을 금하는 것에 관한 논의는 그 자체만으로도 의미가 있다. 화폐는 국가 경제의 혈액이다. 그런데 그것을 정부가 관리하지 않고 민간 사기업에 위임한 것이야말로 시대의 코미디라 할 만하다. 시절이 좋을 땐 제 배 속을 채우고 나빠지면 손을 벌리는 금융자본이야말로 시장경제 원리에 반한다.

비즈니스란 위험에 대한 대가로 이익을 얻어야만 한다. 국가와 국민이 소수 자본가가 처한 위험을 막아주면서까지 그들 주머니를 채워줘야 할 어떤 이유도 없다. 현대 신용 거품과 그 폭발로 초래한 금융위기는 국가가 은행에 화폐 발행 권력을 위임했기 때문에 발생했다. 은행은 이익을 추구하는 사기업일 뿐이다. 대출을 늘릴 수 있는 한 늘려 이익을 얻고자 하는 게 사기업으로서는 당연하다. 게다가 설사 대출 회수가 안 된다 해도 정부와 납세자가 나서 구제를 해주는데 이들이 신용확대를 꺼릴 이유가 없다.

누군가는 그것에 족쇄를 채워야 한다. 그러지 않는 한 무분별한 신용확대, 거품 그리고 거품 폭발은 반복될 수밖에 없다. 보수적 기관이라 불리는 IMF나 OECD경제협력개발기구 등에서 '진보적'이라 할 연구보고서가 연이어 발표되고 있다. 자본주의 종말, 불평등에 관한 보고서가 심심치 않다. 그만큼 현대 자본주의가 위험에 처해있다는 방증일 것이다.

현대 자본주의 핵심에 화폐 발행 권력이 있는 은행 시스템이 존재한다. 교과서에서는 그 권력을 국가가 행사하고 있다고 하지만 현실은 그렇지 않다. 수술은 핵심 부위를 치료해야 효과가 있는 법이다.

마찬가지로 병든 자본주의를 치료하려면 그 핵인 은행 시스템을 수술해야 한다. '화폐 발행' 권한을 다시 국가가 가져와야 한다. 그럼으로써 우린 적어도 신용 남발과 이로부터 발발하는 위기, 무엇보다 잘못된 자원 배분으로 인한 불평등 심화를 막을 수 있다.

4장

첨단 기술과 일자리

| 자본, 신경제 그리고 일자리의 함수 |

인간과 기술의
경주

구글의 무인운행 자동차들이 2009년부터 미국의 실제 도로에서 시험운행을 하고 있다. 6년이 돼가도록 큰 사고는 없었다. 사람이 운전대를 잡지 않아도 알아서 혼자 가는 자동차. TV시리즈 〈나이트라이더〉 속 'Z카' 같은 자동차가 당장 현실이 되기는 힘들겠지만, 최소한 전망은 밝다. 그런데 무인차의 최대 장애물은 기술적인 문제나 로봇지능의 결함 같은 게 아니라, '사람들'인 것으로 나타났다. 대표적인 예가 지난달 20일 벌어진 추돌사고다. 구글 무인차는 횡단보도가 앞에 나타나자 서서히 속도를 줄였고, 안에 타고 있던 구글 직원이 수동으로 브레이크를 완전히 밟았다. 그 순간 뒤에서 승용차가 다가와 들이받았다.

■ **경향신문. 2015. 09. 02.**

기술혁신은 꿈을 현실로 만든다. 운전자 없이도 달릴 수 있는 '무인자동차' 역시 마찬가지다. 구글이 마침내 무인자동차라는 꿈을 현실 세계로 끌어내는 데 성공했다. 위 기사에서 보듯 시험운행 6년 동안 큰 사고는 없었다고 한다. 무인자동차는 적어도 자동차를 운전하는 기능적인 측면에선 인간보다 우월하다. 사고는 인간이 낸다. 그만큼 운전 기능 측면에서 인간은 무인자동차와 벌이는 경주에서 뒤처지고 있다.

혁신 속도가 과거와는 비교할 수 없을 정도로 빠르다. 인류는 상상 속에 머물던 것들을 급속히 현실화하고 있다. 하지만 마냥 기뻐할 일은 아니다. 우린 무인자동차 탄생을 놀란 눈으로 바라볼 뿐이지 그것이 초래할 변화를 미처 예상치 못하고 있다. 인간 기능을 뛰어넘는 기술은 '일자리' 즉, 먹고사는 문제에 직접적인 영향을 미친다.

무인자동차가 상징하는 기술혁신은 인간과 일자리를 놓고 경쟁하게 될 것이다. 무인자동차가 현실화하면 많은 사람이 일자리를 잃을 가능성이 커진다. 택시 기사나 대리운전기사 등 자동차 운전 직종 자체가 역사 속으로 사라질 가능성이 크다. 운전면허증이 필요 없는 세상이 될 테니 그 발급 기관이나 종사자가 줄어드는 사태도 불가피할 것이다. 교통단속 경찰도 지금보단 줄 것이 틀림없다. 무인자동차는 교통법규를 지키도록 설계될 것이다.

일자리를 위협하는 기술 혁신, 흔히 이것을 '기술과 인간의 경주'라고 표현한다. 인류는 이미 기술과 달리기를 하고 있다. 기술을 쫓아갈 수 있다면 살아남겠지만, 뒤처진다면 그 일자리는 심각하게 위협받을 것이 분명하다.

제조업 일자리의 현실

사람들 대부분은 기술혁신과 제조업 일자리가 정비례할 것으로 생각한다. 신기술이 새로운 일자리 특히, 제조업 일자리를 창출한다고 믿는다. 하지만 현실은 정반대다. 특히, 혁신이 눈부신 선진국에서 제조업 일자리 비중이 줄고 있는 건 꽤 오래된 일이다. 미국을 보면 그 심각성을 알 수 있다. 미국에서 제조업 일자리는 1979년을 기점으로 계속해서 줄고 있다. 2010년부터 다시 조금씩 늘어나고 있으나 그 속도는 완만하다.

비율로 봐도 마찬가지다. 2차대전 이후 제조업에 종사하는 미국인 비율은 꾸준히 줄고 있다. 당시만 해도 제조업 일자리가 농업부문을 제외한 전체 일자리에서 약 40%를 차지했지만, 현재는 10% 이하로 조사되고 있다. 총비농업부문고용자 즉, 농업부문을 제외한 총고용자에서 제조업 종사자가 차지하는 비율을 보면 제조업 비중이 갈수록 줄어드는 걸 알 수 있다.

미국을 비롯한 선진국에서 이처럼 제조업 일자리가 줄어드는 이유는 뭘까? 대부분은 인건비가 싼 외국으로 공장을 옮기는 '오프쇼링Offshoring'을 꼽는다. 틀린 주장은 아니다. 특히, 노동집약적 제조업의 해외이전은 보편적 현상이다. 이것이 선진국의 제조업 일자리 수를 줄이는 것은 틀림없다. 경제가 성장하면서 질 낮은 일자리 예컨대, 봉제·의류공장이나 가발공장이 창출하는 일자리들은 급속이 사라진다. 인건비가 올라가면 수지 타산이 맞지 않기 때문이다. 이런 공장들은 싼 인건비를 좇아 저개발국으로 옮겨가게 된다.

하지만 이게 다가 아니다. 우리가 간과하는 또 한 가지 요인이 있으니 바로 기계 때문에 일자리가 줄고 있다는 사실이다. 기계는 이미 산업현장에서 인간을 대체하고 있다. 제조업 조립 공정에 서 있는 건 인간이 아닌 로봇이다. 과거엔 사람이 했던 일을 이젠 기계가 한다. 이런 현상은 제조업 현장에서만 벌어지지 않는다. 얼마든지 실생활에서 목격할 수 있다. 건설, 토목 일자리 창출도 4대강 사업의 명분 중 하나였다. 하지만 실제 창출된 일자리는 극히 적었다. 건설 기계가 인간을 대체한 지는 오래됐다. 과거엔 수십 명이 필요했던 일도 이젠 기계 한 대가 너끈히 해낼 수 있다.

제조업 일자리는 변곡점에 와있다. 비숙련 노동자의 일자리 중 상당수가 점차 사라질 것이다. 대신, 로봇과 같은 첨단 기계들이 그 자리를 차지할 것이다. 로봇이 하루아침에 비숙련공을 몰아내지 않을 수도 있지만 가까운 미래에 제조업 공장에 남는 사람은 학위를 가진 전문가로 한정될 수 있다. 반복적 단순 과업은 더는 인간을 필요로 하지 않는다. 기계가 인간보다 더 잘하기 때문이다. 제조업 공장에 필요한 사람은 기계에 명령을 내릴 극소수 전문가들이다.

생산 공정에서는 로봇이 인간을 급속히 몰아내고 있다. 또, 일상적·반복적 과업들은 점차 컴퓨터나 소프트웨어로 대체되고 있다. 하지만 이에 그치진 않을 것이다. 컴퓨터는 벌써 인간을 능가하고 있다. 체스 게임에서는 챔피언을 물리쳤다. IBM의 슈퍼컴퓨터인 '왓슨'은 미국에서 인기 있는 퀴즈쇼인 '제퍼디Jeopardy'에서 똑똑하다고 자부하는 인간들을 이겼다. 현대에 기계는 단순한 금속 덩어리가 아니라 논리적으로 사고하는 인간에 가깝다. 빅데이터와 스마트머신의 결합은 현재 직업을 충분히 대체할 수 있다.

단순 노동이나 하위 기술직뿐만이 아니다. 고급 일자리도 절대 안전하지 않다. 텍스트마이닝Text-Mining 프로그램은 법률 서비스직을, 이미지프로세싱 소프트웨어는 조직검사 계통의 과학자와 의료인 역할을 충분히 대체할 수 있다. 쉽게 자동화할 수 없을 것으로 여겼던 일자리에 변화가 생기는 것이다. 새로운 데이터 처리 기술은 '인지' 직무를 더 작은 과업으로 나눌 수 있게 한다. 기존에 사람 뇌로만 가능했던 일을 이제 컴퓨터가 하고 있다. 앞에서 운전기사란 직업의 미래를 얘기했지만, 비행기 조종사나 군인도 얼마든지 신기술로 대체될 수 있는 시대다.

2013년 9월, 옥스퍼드 대학의 칼 프레이Carl Frey와 마이클 오스본Michael Osborne은 〈직업의 미래: 특정 일자리는 컴퓨터화에 어떠한 영향을 받는가?〉란 논문을 발표한다. 이 연구에 따르면 자동화 혹은 컴퓨터화 위험에 노출된 직업 종류가 47%에 달한다고 한다. 회계, 법률 서비스, 기술적 집필 등 기존 화이트칼라 일자리 상당 부문을 포함한다. 컴퓨터화할 확률이 70%를 넘는 일자리가 미 노동통계국 전체 일자리의 47%에 달함을 알 수 있다.

또 이 논문은 임금과 학력에 따른 일자리가 컴퓨터로 대체될 확률이 어느 정도인지를 밝히고 있다. 임금과 학력 수준이 낮은 일자리일수록 컴퓨터로 대체될 확률이 높다. 학사학위 이상 소지자가 60%

이상인 일자리와 20% 이하인 일자리를 비교해보면 학력이 낮은 사람들이 종사하는 일자리일수록 컴퓨터로 대체될 확률이 기하급수적으로 높아짐을 알 수 있다.

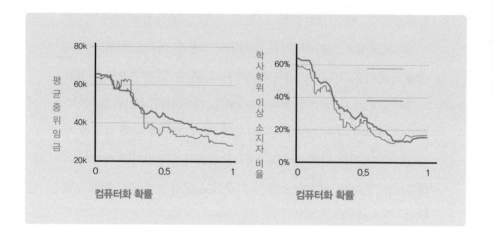

그래도 여전히 살아남는 직업은 존재할 것이다. 창의성이 필요한 일자리와 고급 관리직은 오히려 승승장구할 것이다. 게다가 일반 일자리 수가 늘어날 수도 있다. 하지만 이 경우엔 질 높은 일자리가 아닌 열악한 서비스 직종이 주류를 이룰 것이다. 이는 선진국에서는 이미 일반화한 현상이다.

한국도 마찬가지다. 일자리 양극화가 심화할 가능성이 크다. 다시 말해, '평균 일자리' 시대가 저물고 있다고 할 수 있다. 일자리는 중간층이 얇은 모래시계 형태를 띠게 된다. 대부분 선진국에서 제조업 부문 일자리가 줄어드는 반면 서비스업 일자리가 늘어나는 형태가 이를 방증한다. 미국 제조업 고용 비율은 1950년대 이래 40%에서 10% 수준으로 급속히 줄었다. 반면, 서비스 직종에서 일자리는 50% 이하였던 비율이 70%로 급증했다. 하지만 이렇게 늘어난 일자리는 비정규직처럼 질 나쁜 일자리가 대부분이었다.

기술혁신이 일자리에 미치는 영향에 관한 논쟁

컴퓨터를 포함한 기술혁신이 사람 일자리를 앗아갈 거란 가설에 반대하는 경제학자들도 많다. 역사적으로 기술 진보는 결국엔 인류의 부를 높여 왔고 일자리 창출에 이바지했다는 것이다. 충분히 일리가 있다. 인류 역사는 기술 진보의 역사였고 그것은 분명 인류의 물질적인 삶에 긍정적인 영향을 미쳤다.

1930년대 대공황 당시 세계는 비관주의에 물들어 있었다. 한데 케인스는 미래에 대한 희망으로 가득한 에세이 한 편을 발표한다. 바로 《우리 손자 세대의 경제적 가능성》이다. 암울했던 시기에 케인스는 손자 세대 즉, 20세기 말쯤에 영국을 비롯한 공업국에서 빈곤이 끝날 것으로 전망했다. 극적인 진전을 이룬 과학 기술이 지속적 성장을 뒷받침할 거라 강조했다. 단, 그 길에는 난관이 있을 거라고 했다. 그 장애물은 바로 '기술적 실업Technological Unemployment'이었다. 기술적 실업이란 새로운 기술이 신규 일자리를 창출하는 것보다 그로 인해 기존 일자리가 더 많이 줄어들면서 발생하는 실업을 말한다. 건설장

첨단 기술과 일자리   225

비가 발달하면서 오히려 건설 인력이 필요 없어지는 경우가 대표적이다.

그런데 오늘날 경제학자 대부분은 케인스보다 훨씬 낙관적이다. 기술적 실업은 별문제가 되지 않는다며 자신 있게 말한다. 자동화를 통해 노동력이 절감되는 이상 생산성 증가로 소득이 늘어나 문제가 되지 않는다는 것이다. 소득이 늘면 수요가 증가해 실직 노동자에게 새로운 직업이 만들어질 것으로 낙관한다. 여기에도 일리가 있다.

20세기 기술 진보는 실제로 인류에게 풍부한 일자리와 번영을 가져왔다. 산업화는 인간 노동의 필요성을 줄이지 않았다. 오히려 20세기에 폭증한 인구를 충분히 부양할 정도의 고용 기회를 만들어냈다. 이는 산업혁명 때도 마찬가지였다. 인류는 산업혁명이라는 거대한 기술 진보의 수혜자라고 할 수 있다.

그러나 이를 부정하는 경제학자들도 많다. 강력해진 컴퓨터로 무장한 제2차 산업화 혹은 자동화 시대는 이전과는 다른 결과를 초래할 것이며 일자리 축소는 피할 수 없다고 강조한다.

이들은 선진국에서 일반화하는 현상 즉, 기술 진보가 실업률 해소에 결코 이바지하지 못한다는 것에 주목했다. 그 핵심에 '선진국 평균 노동자의 실질임금 정체 현상'이 있다. 미국에서는 인플레이션 효과를 차감한 실질임금이 지난 40년 동안 거의 변하지 않았다. 영국과 독일에서조차 고용은 신고점을 달성했지만, 임금은 십 년 동안 평행선을 그리고 있다. 이유는 뭘까? 생산품은 늘었고 소비 또한 급증한 현대다. 당연히 임금도 올라야 한다. 하지만 자본은 원가절감을 내세우며 자동화를 포함한 기술혁신을 이용해 인간 노동을 끊임없이 현장에서 배제하고 있다. 기술과 인간을 경쟁시켜 임금 인상을 막고 있다고 할 수 있다.

1980년대 이래 신자유주의 세계에서 생산성 향상으로 거둔 몫은 대부분이 자본가를 비롯한 극소수에 배분됐다. 반면, 노동자 몫은 하락했다. 이것이 급속히 성장한 생산성에도 불구하고 노동자들의 삶이 정체하는 이유다. 이는 반드시 미국과 영국 등에서 벌어지는 문제만은 아니다. 스웨덴 같은 상대적 평등사회에서조차도 노동자들 간 불평등은 심화했다. 소득 양극화 현상은 나날이 심화하고 있다. 이는 총수요 위축을 불러 실업이 증폭하는 악영향을 끼치고 있다.

IMF가 2015년 6월에 발표한 〈소득 불평등의 원인과 결과: 글로벌 관점에서〉란 보고서를 보면 위 사실을 적나라하게 알 수 있다. 중산층을 포함한 하위 90%의 소득은 상대적 측면에서 시간이 지날수록 쪼그라들고 있다. 주요 선진국에서조차 마찬가지다.

기술이 발전할수록 상위 엘리트들 소득은 급증하고 있다. 반면 보통 사람들 소득은 정체상태를 보이고 그들 일자리마저 점차 사라져가고 있다. 늘어나는 건 질 낮은 서비스직 일자리뿐이다. 기술 진보가 좋은 일자리로 귀결돼 보통 사람들의 생활의 질을 높였다고 말할 수 없는 분명한 증거다.

기술혁신이 의미가 있으려면

　기술혁신을 막을 수는 없다. 그럴 필요도 없다. 신기술은 인류와 일자리에 충분히 긍정적인 영향을 끼칠 수 있기 때문이다. 하지만 시간이 필요하다. 무엇보다 혁신기술 발전 덕에 이룬 생산성 향상이 전 계층에 고루 배분되는 데까지는 더 오랜 시간이 걸린다. 이는 산업혁명 당시를 돌아보면 알 수 있다.

　산업혁명 초기에 노동자들은 그 혜택을 받지 못했다. 1750년에서 1850년까지 약 100년 동안 노동자들 삶은 비루했다. 당시 영국에서 임금 상승률은 인플레이션 효과를 차감하면 극히 미미했다. 19세기 말에 이르러서야 비로소 임금은 겨우 생산성 성장과 평행하게 됐다. 산업혁명의 과실이 일반 민중에게 나눠기까지 자그마치 100년 이상이 걸렸다. 그것도 산업혁명 자체가 노동자의 삶을 개선한 것이 아니다. 그들의 삶의 질을 높인 건 사회와 정치 개혁이었다.

　노동자 권리에 관한 목소리가 커지며 계급투쟁이 가열되자 그에 비례해 임금 성장의 속도가 빨라지고 산업화에 따른 이익이 전 계층에게로 퍼진 것이다. 피를 먹고 자라는 것은 민주주의뿐만이 아니다. 성장으로 얻은 과실 배분 또한 대중의 피를 요구한다.

　오늘을 '제2차 산업화 시대'라 한다. 준산업혁명이라 할 정도로 기술 혁신이 눈부시다는 얘기일 것이다. 한데, 사회·정치·경제·교육 시스템은 기술 발전 속도를 좇아가지 못하고 있다. 기술과 기존 시스템 사이에서 불협화음이 점차 거세진다.

기존 교육은 새로운 기술에 적응하지 못한다. 기존 직업 교육은 컴퓨터나 로봇으로 충분히 대체가 가능한 일을 여전히 가르치고 있다. 쓸모없는 기술을 가르쳐 실업자를 양산해내고 있다고 할 수 있다. 정치 시스템 또한 마찬가지다. 분배보다는 자본에 방점을 두는 기존 자본주의 체제를 적극적으로 옹호하고 있다. 신기술이 자본가만을 살찌우는 반면, 그것에 적응하지 못한 수많은 보통 사람들은 낙오하고 있다. 산업혁명 초기와 같은 계급갈등이 다시 나타나지 않으리라고 누가 장담할 수 있겠나?

다음 기사는 오싹하기까지 하다. 기술은 최악에는 인간과 일자리를 놓고 경쟁할 뿐만 아니라 인류를 죽일 수도 있다.

인류 역사에서 규제는 늘 기술 발전의 속도를 따라잡지 못했다. 킬러로봇 또한 마찬가지다. 로봇이 사람을 해치는 것을 막기 위한 '로봇윤리'는 걸음마 단계인데 킬러로봇은 이미 전장 곳곳에 배치되고 있다. 유엔인권위원회는 2013년 보고서를 통해 킬러로봇이 미국·이스라엘·영국·일본은 물론이고 한국에서 개발됐거나 실제 전투에 투입되고 있다고 밝혔다. 미국 로봇 기업 '보스턴 다이내믹스'는 지난달 키 1m 88cm, 몸무게 150kg인 인간형 로봇 '애틀러스'를 공개했다. 2년 전만 해도 평지에서 느릿느릿 걸어가는 수준이던 킬러로봇이 이제 총과 미사일 등 각종 무기를 장착한 채 산길을 뛰어 올라갈 수준까지 발전한 것이다. 이스라엘은 레이더 신호로 적군을 감지해 선제공격에 나서는 무인기 '하피Harpy'를 배치해 팔레스타인군과의 전투에 활용하고 있다. 우리나라가 최근 휴전선 일대에 배치한 지능형 경계·공격시스템 'SGR-1'도 대표적인 킬러로봇이다.

딥러닝을 통해 킬러로봇의 실전 배치가 현실화하자 국제사회에선 킬러로봇을 금지해야 한다는 목소리가 높아지고 있다. 유엔 군축 담당 고위대표인 안젤라 케인은 지난달 "킬러로봇 개발을 법으로 금지해야 한다"고 촉구했다. 7월 전기자동차 업체인 테슬라의 창업자 일론 머스크와 스티븐 호킹 박사 등 과학기술계 인사와 철학자 1,000여 명 또한 "인공지능을 가진 킬러로봇은 원자폭탄보다 심각한 위험"이라며 킬러로봇의 위험성을 경고했다.

■ 중앙일보. 2015. 09. 05.

기술은 일자리를 놓고 인간과 경쟁할 뿐만 아니라 인간 자체를 위협할 수준까지 발전하고 있다. 스스로 생각할 수 있는 새로운 존재기계는 미래에 엄청난 영향을 끼칠 게 분명하다.

문제는 이런 새로운 존재마저 기득권에 그 권리가 집중될 수 있다는 것이다. 자본주의는 생산력의 집중을 그 원리로 한다. 생산력이 특정 세력에 집중되면 부 또한 그들에게 몰리기 마련이다. 한데, 기술마저 이들에게 집중되면 현재보다 더한 부의 편향이 발생할 수 있다. 신기술이 온전히 기득권을 방호하는 수단으로 전락하는 것이다.

기득권은 이익에 따라 얼마든지 대중과 대척점에 설 수 있다. 그런 일이 발생한다면 기술과 기득권을 한 축으로 하는 세력과 일반 대중과의 투쟁이 본격화할 여지가 높다. 특정 세력이 기술을 독점해 그것으로 인류를 노예화한다는 공상과학 영화가 심심치 않게 등장하고 있다. 그런 일이 영화 속에서만 가능하리란 법은 없다. 현 상태로 기술이 기득권에 독점되면 그런 불행한 일은 얼마든지 현실이 될 수 있다.

　그게 기술 진보 그리고 혁신이 내포하는 정치·경제학이다. 기술 진보는 두 얼굴을 가진다. 삶의 질을 높여주는 천사의 얼굴이거나 보통 사람들에게 일자리를 빼앗고 죽일 수도 있는 악마의 얼굴이 될 수 있다. 하지만 이를 결정하는 건 기술이 아니라 인간이다. 기술은 아무런 죄가 없다. 그를 천사로 만드는 것은 분명 인간의 몫이다.

청년 몰락은
어떻게 대한민국호를
침몰시킬까?

작년 출산율이 2009년 이후 4년 만에 감소세로 돌아선 것으로 조사됐다. 보건복지부가 10일 발간한 '2014 보건복지통계연보'에 따르면 한 여성이 평생 낳을 것으로 예상되는 평균 출생아 수를 뜻하는 합계출산율은 작년 1.19명이었다.

합계출산율은 2008년 1.19명에서 2009년 1.15명으로 떨어진 뒤에는 2010년 1.23명, 2011년 1.24명, 2012년 1.30명으로 증가 추세를 이어갔으나 작년에는 5년 전인 2008년 수준으로 다시 하락했다. 이는 인구 대체 수준한 국가의 인구 규모를 현상 유지하는 데 필요한 출산율인 2.1명에 한참 못 미치는 수치다.

▪ **연합뉴스, 2015. 07. 07.**

암컷 사마귀는 포악하기로 유명하다. 교미 중 수컷을 살해하기 때문이다. 실제로 사마귀가 교미하는 장면을 사진으로 보면 끔찍하다. 사진 속 수사마귀는 십중팔구 머리가 없다. 우리는 흔히 암컷이 교미 후 수컷을 잡아먹는 것으로 알고 있지만, 사진을 보면 암컷은 교미 시작과 동시에 이미 상대를 먹기 시작한다. 머리부터 시작해 교미가 끝난 뒤엔 몸뚱이까지 먹어치운다.

대체 왜 암컷 사마귀는 이처럼 극악무도한 짓을 하는 걸까. 암컷에게 양분을 제공해 더 건강한 자손을 얻기 위한 수컷의 숭고한 희생이라는 게 기존 학설이었다. 하지만 더 유력한 학설은 교미 시간을 오래 끌어 건강한 자손을 얻으려는 암컷의 의도적 살해라는 것이다. 수컷을 잡아먹은 암컷은 또 다른 수컷을 끌어들여 교미 시간을 늘린다. 교미 시간이 길어야 수정 확률이 높아지기 때문이다. 독일 함부르크 대학 연구진이 실험으로 확인한 결과는 숭고함과는 거리가 먼 암컷이 주도한 타살이었고, 타살이 많을수록 크고 건강한 알을 낳는 것으로 밝혀졌다.

사마귀 얘기는 참혹하다. 하지만 그 이면엔 종을 번식시키려는 진화적 본능이 내재했음을 알 수 있다. 사실, 지구 상 모든 종은 종족 번식이란 지상 과제를 최우선으로 해서 진화해왔다. 이는 현재도 마찬가지다. 진화생물학자에 따르면 특정 생물 종이 성공 하느냐 못 하느냐는 생존과 번식에 달려있다.

한데 인류는 이에 반하는 행동을 하고 있다. 적어도 겉으론 그렇다. 경제가 성장할수록 인간이란 종은 이상하게 아이를 덜 낳는다. 겉으로 보기엔 스스로 멸종하려는 게 아닌가 하는 의구심마저 들 때

가 있다. 대체 인간은 왜 종족 번식에 소극적이 돼가는 걸까? 그 이면
엔 어떤 정치·경제학적 의미가 담겨 있는 걸까?

경제가 발전할수록 출산율이 하락하는 게 일반적이다. 일본을 비
롯한 선진국 대부분 인구가 줄고 있다. 유럽 선진국은 물론 미국의
출산율 저하 현상도 굳이 통계를 인용하지 않아도 누구나 아는 사실
이다. 얼핏 이해가 가지 않는다. 선진국이 됐다는 것은 국민 삶의 질
도 그만큼 향상됐다는 말로 볼 수 있다. 성장하면서 평균적 국민소득
역시 분명히 높아졌을 것이기 때문이다. 겉으론 출산율이 하락할 이
유가 없어 보인다.

그런데 일본을 보면 이런 해괴한 현상을 이해할 수 있다. 일본 국
민은 기존 선진국 시민들이 했던 행위를 그대로 따라 했다. 특정 국
가의 경제발전은 도시화, 산업화를 수반한다. 한데 도시화, 산업화는
필연적으로 양육비 부담을 키운다. 경제가 성장하면서 잘살게 된 사
람들은 어려웠던 과거를 후손에게 넘겨주지 않으려는 강한 욕망을
품게 된다. 그것이 자연스레 양육비를 높이게 된다고 할 수 있다. 더
좋은 것을 먹이고 더 비싼 것을 입히며 더 좋은 환경에서 자라게 하
려는 것은 부모의 자연스러운 본능이다.

게다가 도시화, 산업화는 경쟁을 과열시킨다. 도시화, 산업화를 지
배하는 건 '승자독식'이라는 패러다임이다. 다른 사람보다 한발 앞서
야 한다는 강박은 어떻게 해서든 후손들을 좋은 환경에서 공부시켜
야 한다는 열의로 이어진다. 정글과 다름없는 도시, 무한경쟁의 시대
에 후손들을 살아남게 하려면 교육은 필수다. 교육비는 이렇게 고공

행진한다.

문제는 아이를 생산해내는 주체가 젊은이들이라는 데 있다. 청년들은 도시화, 산업화로 높아진 주거비용과 양육·교육비를 감당할만한 재정적인 능력이 부족하다. 이들에게 출산은 엄청난 도전이자 위협이다. 이런 상황에서 젊은이들이 할 선택은 뻔하다. 아이를 덜 낳거나 아예 낳지 않는 것이다.

남 일이 아니다. 출산율 하락이 가장 심각한 나라는 어디일까? 유감스럽게도 대한민국이다. 2014년 기준으로 합계출산율이 1.25명이다. 여성 한 명이 가임기간 동안 낳을 것으로 예상하는 평균 출생아 수가 1.25명이란 얘기다. 이는 세계 224개국 중 219위이며, OECD 가입국 중에선 꼴찌다. 인구 대체수준 즉, 한 국가의 인구 규모를 현상 유지하는 데 필요한 출산율인 2.1명에도 한참 못 미치는 수치다.

이런 통계를 근거로 2015년 6월 미국 브루킹스연구소Brookings Institute는 충격적인 보고서를 발간한다. "한국인이 2750년이면 자연 멸종에 처할 수도 있다."는 내용이다. 이는 노령화, 저출산의 대명사인 일본보다도 빠르게 한국인이 멸종한다는 것을 뜻한다. 물론, 이 결론은 여성 한 명이 평생 1.19명의 자녀만을 출산하고 북한과 통일이나 국외로부터 이주민이 없다고 가정한 상태에서 내려졌다. 한마디로 최악의 시나리오다. 먼 미래를 극히 단순화한 변수만으로 예측했기에 그 신뢰도 또한 의문이다. 그런데도 이 보고서가 우리에게 보내는 경고는 엄중하다. 바뀌지 않으면, 행동하지 않으면 충분히 멸종

할 가능성이 있다는 것을 말해주기 때문이다.

왜 한국인은 자칫 멸종으로 치달을 길을 가는 걸까. 수많은 요인이 있을 것이다. 보육과 교육 환경의 열악성이 그중 하나다. 하나, 아무래도 가장 중요한 요인은 청년층이 처한 암울한 현실일 것이다.

한국의 청년 실업률은 참혹하다. 2015년 6월 현재 10%를 넘었다. OECD가 2015년 2월 발표한 고용 통계 자료에 따르면, 2014년 3분기 한국 청년층15~24세 고용률은 26.2%로 조사 대상 33개국 가운데 23위다. OECD 평균39.7%보다 13%포인트나 낮다. 한국보다 청년 고용률이 낮은 국가는 그리스, 이탈리아, 스페인, 포르투갈 등 대부분 최근 재정위기가 발생한 남유럽 나라들뿐이다.

우리가 남유럽 청년 실업률에 목소리를 높이며 안타까워하지만 실은 한국도 그들 못지않게 최악의 상황임을 인식해야 한다. 팔팔한 청춘 대부분이 놀고 있다. 일자리를 갖고 있다 해도 태반이 비정규직이다. 청년들의 삶이 얼마나 고통스러운지 짐작할 수 있다.

별다른 걱정 없이 아이를 낳아 기를 수 있고, 그 아이가 행복하게 커갈 수 있다면 누가 출산을 두려워하겠는가? 하지만 불안한 세상이라면 얘기는 달라진다. 자기 후손을 그곳에 던져놓을 사람은 많지 않다. 아이를 돌볼 힘이 없다고 생각하면 차라리 종족 번식을 포기하는 게 더 좋은 선택이라 생각할 수도 있다. 후손에게 남루한 삶을 물려주고 싶은 부모는 없다.

물론 복지가 개선된다 해서 출산율이 높아진다는 보장은 없다. 특정 사회·문화적 요인이 더 중요하게 작용할 수도 있다. 가령, 다른 사람 눈을 의식하며 사는 아시아 특유의 집단주의적 문화가 출산율을 높이는 데 악영향을 끼칠 수 있다. 이런 문화에서는 결혼하지 않은 상태에서 아이를 낳기 어렵다. 반면, 서구에서는 비혼 출산이 비교적 높다. 이것이 아시아 여성에서 출산율이 서구 여성의 그것보다 낮은 이유이기도 하다. 문화적 차이가 출산율 변수로 얼마든지 작용할 수 있다.

그러나 분명한 사실 하나는 모든 종은 번식과 생존을 지상 과제로 여긴다는 점이다. 암컷 사마귀처럼 살해 행위도 마다치 않는다. 그게 본능이다. 한데, 그 본능을 포기한다는 것은 그만큼 한국 청년층이 후손의 안녕을 담보할 수 없는 불안한 세상에서 살고 있다는 얘기다.

'헬조선'의 뜻을 안다면

'헬조선', '지옥불반도', '동방역병지대'. 40대 이상에게 이들 단어는 암호다. 도통 뭘 말하는지 알 수 없을 거다. 하나, 이들 단어가 말하는 뜻을 알고 나면 쓴웃음을 짓게 된다. 혹은 고개를 끄덕일 수도 있다. 안타깝지만, 2015년에 탄생한 이들 단어는 '대한민국'을 지칭한다. 헬조선은 조선과 헬지옥의 합성어이고, 지옥불반도는 지옥과도 같은 한반도 상황을, 동방역병지대는 전염병과 같은 고통이 휩쓸고 있는 한국을 표현한다. 국가와 사회를 향한 2030 세대의 분노와 적개심이 극에 달했다. 그것이 이 같은 신조어를 만들어내고 있다.

오죽하면 제 조국을 무간지옥이라 칭할까. 이제 삼포세대란 말은 진부하기까지 하다. 요즘 청년들은 결혼, 연애, 출산은 물론 인간관계, 집을 포기한 오포를 지나 취업과 희망마저 접은 칠포세대로 자신들을 부르고 있다. 인간은 욕망 때문에 산다. 삶을 지탱해내는 에너지 중 상당 부분은 욕망에서 나온다. 그 욕망이 세속적이냐 초월적이냐는 상관없다. 한데, 한국의 젊은이들은 삶의 에너지원을 포기하고 있다.

왜 이런 일이 벌어지는 걸까. 일본은 반면교사다. 일본 청년들을 '사토리 세대'라 한다. 사토리는 '달관' 혹은 '득도'를 뜻한다. 마치 선승처럼 더는 아무것도 탐하지 않는 세대라 해서 붙여진 말이다. 바로 오늘날 우리 청년들 모습이다. 미래가 절망으로 가득한 상황에서 부질없는 희망을 품는 것만큼 고통스러운 일은 없다. 그럴 바엔 차라리 모든 희망을 접는 게 스스로 돌보는 방책이 될 수 있다. 일본의 청춘과 한국의 젊음이 욕망을 거두는 이유는 같다. 출구가 없는 상황에서 살아남자니 일상적인 삶을 포기할 수밖에 없다.

무엇이 청춘을 절망하게 하는 걸까? 한마디로 돈 벌기가 어렵기 때문이다. 자본주의 사회에서 생존은 물론 사람답게 살려면 '돈벌이'는 필수다. 그런데 그 길이 막혔다. 청년실업률, 고용률은 최악이다.

문제는 또 있다. 한국은 세계 최고의 교육열을 자랑한다. 덕분에 청년층 대부분이 고학력인 상황이다. 하지만 그에 어울리는 고급 일자리는 느는 게 아니라 오히려 줄고 있다. 2000년대 이후 청년들의 취업을 주도하는 것은 서비스업이다. 여기에 함정이 있다. 대부분 서비스 직종은 전문성과 지속성에서 제조업 일자리를 따라갈 수 없다. 고학력 청년들에 어울리는 변변한 일자리는 거의 씨가 말랐다.

설상가상, 한국 청춘들은 대학을 졸업하는 순간 대부분 빚쟁이가 된다. 학자금대출 탓이다. 일자리가 없는 상황에서 어느새 목돈이 돼버린 부채를 갚는 일은 거의 불가능하다. 활짝 펴야 할 나이, 청년들이 빈곤과 부채의 악순환에 빠져 시들어가고 있다. 2015년 신용회복위원회 나이별 개인 워크아웃 신청 현황을 보면, 다른 연령대는 감소하는 데 비해 29세 이하 연령대만 오름세를 보였다.

청춘들이 느끼는 불안은 그대로 출산율 저하로 연결된다. 게다가 욕망 포기는 경제행위를 단절하게 한다. 청년층 소비가 줄 수밖에 없다. 쓸래야 쓸 돈도 없다. 이런 상태에서 경제가 정상적으로 성장할 수 있을까? 한국에서 저성장은 불가피하다. 성장 둔화로 이어질 수밖에 없다. 인구통계학적으로 소비가 발생하는 시기는 20세 언저리 청춘들이 생산인구로 편입되면서부터다. 이들이 건강한 일자리를 얻어 가정을 꾸리고 자동차와 주택을 사야만 비로소 경제를 지탱하는 소비는 그 기반이 튼튼해진다.

전문가들이 하는 전망은 암울하기만 하다. 대표적으로 해리 덴트는 그의 책《2018년 인구 절벽이 온다》에서 다음과 같이 말하고 있다.

대표적으로 한국의 소비 흐름을 보라. 한국은 일본이 22년 앞서 그랬던 것 같은 경제 기적을 이뤘지만 2010년부터 소비가 정점에 도달해 2018년까지 정점에서 정체됐다. 이후 급격한 인구 절벽 밑으로 떨어질 것이다. 이 과정은 일본이 22년 전에 겪었던 것이다. 한국은 에코붐 세대가 거의 없어 일본보다도 상황이 더 암담하다. 소비 정점이 2010년에 도달하는 싱가포르나 대만도 한국과 비슷한 처지다.

대다수 청년이 실업자라면 국가 복지체계는 무너질 수밖에 없다. 청년층은 우리 미래를 직접 담보한다. 젊은이들 소득은 국가복지의 뼈대이자 기반이다. 당장 국민연금이 문제가 될 것이다. 이전 세대 연금은 결국 현 청년 세대가 책임지는 것이다. 청년이 무너지면 국가와 국민의 미래 모두가 흔들린다. 청년에 대한 투자와 복지는 그런 이유로 노인복지 못지않게 중요하다. 청년을 나 몰라라 내팽개치는 국가는 결국 망한다.

인구 고령화는 이미 거대한 물결이다. 아니 거친 파고다. 노인들 시대가 왔고 오고 있다. 노인 시대란 다른 게 아니다. 정치, 경제 권력을 노인들이 갖거나 권력을 만드는 데 막강한 영향력을 행사한다는 얘기다. 한국도 이미 이 단계로 돌입했다. 노인들이 정치권력의 향배를 좌우한다. 박근혜 정부 탄생의 일등공신은 50대 이후 세대다. 내각 평균연령 역시 보수 정권이 들어서면서 높아졌다. 경제주체 역시 마찬가지다.

일본처럼 기성세대가 부의 대부분을 장악하고 있다. 이것이 의미하는 바는 비교적 명확하다. 정치권력은 노인 세대에 추파를 던질 수밖에 없다. 국민연금, 건강보험 등 정책 결정에서 노인들을 우대하게 될 것이며 기성세대들의 자산을 지켜주기 위한 부동산 부양책 등이 중시될 것이다. 기성세대가 자산 대부분을 차지하고 있으니 이들에게 유리한 정책이 계속될 수밖에 없다.

현재 일본과 남유럽은 경제적 난관에 봉착해 있다. 원인은 여러 가지인데, 경제 위기가 임박했는데도 고령층을 위한 복지지출을 줄이지 못하는 것이 그중 하나다. 인구 고령화는 소비 침체를 부르게 돼 있다. 인간은 늙어갈수록 행동반경이 줄어든다. 위험 부담을 지는 것도 싫어한다. 유행에도 둔감해진다. 은퇴했으니 씀씀이도 줄여야 한다.

인구 고령화는 일반적으로 디플레이션 유발 효과를 가진다. 결국, 국가 세수는 감소한다. 그런데도 국가 대부분은 '증세'에 나서지 못한다. 남유럽이 그렇고 한국이 그렇다. 유권자 그중에서도 특히 기성세대를 두려워하는 것이다. 그러니 복지에 들어가는 돈은 빚을 낼 수밖에 없다. 국가재정은 나날이 황폐해진다. 한데 아이러니하게도 그 빚을 부담하는 주체는 미래 혹은 청년 세대다.

한국의 미래를 짊어질 청년 대책은 거의 없거나 있어도 빛 좋은 개살구 정도다. 청춘들을 빚의 구렁텅이로 밀어 넣는 '등록금'만 해도 그렇다. 반값 등록금 공약은 말 그대로 공수표로 공중에 흩어졌다. 2015년 등록금 총액을 기준으로 고지서상 등록금을 반으로 줄이는 데 5조7천억 원가량이 필요하다고 한다. 이게 과연 지나친 요구일까? 소득세와 법인세 인하, 종합부동산세 사문화를 통해 '부자 감세'한 액수가 2009년 국회 예산처 자료로 16조 원 징도라고 한다.

4대강 사업, 해외자원개발에 들어간 천문학적 돈은 말할 필요도 없다. 한국은 결코 등록금 반값을 실현할 능력이 없지는 않다. 다만, 의지가 없을 뿐이다. 청년 복지에 무지하거나, 아니면 의도적으로 홀대하는 결과다. 이러는 사이 대학생들은 빚을 내 삶을 영위하고 있다. 다음 기사는 충격적이다.

> 대학생들이 은행권에서 빌린 대출 총액이 1조 원을 돌파했다. 특히 올해 들어 7개월 만에 900억 원 이상 늘어나며 빠른 증가세를 보이고 있다.

국회 정무위원회 소속의 한 의원이 금융감독원으로부터 제출받은 자료에 따르면 2015년 7월 말 은행권에서 발생한 대학생 대출 잔액은 총 1조839억 원이다.

이렇게 빌린 돈을 생활비로 썼다는 것에 주목해야 한다. 생활비라면 주거와 식비가 대부분일 거다. 한국 대학생들은 공부뿐만 아니라 먹고 살기 위해서도 빚을 지고 있다. 빌리지 않으면 도저히 살 수 없는 혹독한 세상을 청춘들은 살아내고 있다. 대체 이들이 무슨 재주로 언제 이 빚을 갚을 수 있단 말인가?

정치권력은 끊임없이 갈등을 유발한다. 세대 간, 계층 간 갈등 유발을 통해 자기들 세를 넓히려 시도한다. 장기적 관점에서 미래를 설계하는 것이야말로 정치 덕목이다. 하지만 현실은 정반대다. 이들은 그저 기득권 유지에 치열한 사람들이다. 국가의 백년대계는 안중에 없다. 노인 세대를 중시하고 청년 세대를 홀대하는 것도 이런 이유 때문이다.

자본과 권력으로 대표되는 기득권 세력은 자신들이 짜놓은 시스템에 순응하는 인간형을 선호한다. 순한 양의 사회를 원한다. 저항하는 청춘은 불편하다. 저항이란 강력한 의지의 산물이다. 그러기에 저항하지 못하도록 '의지'를 꺾어놓을 필요가 있다. 다시 말해, 의도적으로 '포기'를 강요할 수 있다. 이 시대 청춘은 어쩌면 기득권이 쳐놓은 함정에 빠져있는지도 모른다. 하지만 이런 기득권의 태도는 한국인을 '멸종'으로 내몰 수 있다. 우린 지금 청년을 포함한 미래 세대를 희생시켜 기성세대의 기득권 방어에만 몰두하고 있다.

청년들이 다시 아이를 적극적으로 낳을 수 있는 환경을 만들어줘야 한다. 인구가 늘어야 경제는 활력을 찾는다. 적어도 성장경제 패러다임을 포기하지 않는 이상 그렇다. 약자는 기성세대가 아닌 청년층임을 잊으면 안 된다.

청년들이 한국을 지옥으로 만든 게 아니다. 청년들을 고통 속에 몰아넣은 건 기성세대다. 그러니 기성세대는 그 고통을 없애줘야 할 책임이 있다. 누구나 아이를 낳아 마음껏 키울 수 있는 세상, 그것은 꿈일까? 설사 꿈이라 해도 그 꿈을 꾸어야 한다. 그렇지 않다면 한국인은 어느 순간 지구에서 사라질 수도 있다. 마치 공룡처럼.

온−디맨드
경제와
일자리 혁명

스타트업을 중심으로 앱 애플리케이션 기반 '온디맨드 경제'가 뜨고 있다. 음
식주문 앱에서 시작한 O2O 서비스가 세탁·피트니스·공간 대여 등 오프
라인 시장 전반으로 확장되고 있다. 온디맨드 경제는 각종 서비스와 재
화가 앱과 온라인 네트워크 등 IT 기술을 통해 수요자가 원하는 형태로
즉각 제공되는 비즈니스를 말한다. 특히 기존 오프라인 시장을 앱과 웹
등 온라인 시장으로 끌어오는 O2O Online to Offline가 중심축이다.

"모든 것이 우버화Uberfication 되고 있다"고 할 만큼 외국에서는 우버와
에어비앤비 등 공유경제가 O2O 기반 온디맨드 경제의 문을 열었다면,
국내에서는 음식주문 배달앱이 O2O 서비스의 열풍을 이끌었다. 음식주
문 앱 서비스는 2010년 4월 배달통을 시작으로 6월 '배달의 민족'이 시
장에 진출했고 2012년 요기요가 독일 온라인 유통업체 딜리버리히어로
의 한국 지사로 서비스를 시작했다.

배달앱은 이용자의 현재 위치를 중심으로 가까운 배달 음식점을 한눈에 보여주고 결제까지 한번에 가능하도록 하는 '수요자 중심' 서비스로 기존 전단지 중심의 배달 시장을 온라인화로 탈바꿈시켰다는 평가를 받는다. 이에 높은 수수료율 논란에도 불구하고 배달앱 시장은 5년 만에 1조 원 규모로 성장해 올해에는 2조 원 가까이 증가될 것으로 예상되고 있다.

■ 머니투데이. 2015. 07. 08.

'정체'란 단어는 오늘날 세계 경제를 상징한다. 2008년 이후 세계 경제는 길을 잃었다. 시간은 끊임없이 흐르지만 큰 변화가 좀처럼 눈에 띄지 않는다. 세계는 여전히 어렵다. 경제 대국 중 그나마 미국과 인도가 선전하고 있지만, 유럽과 일본 등이 침체 상황이고 중국마저 그 동력을 잃어가고 있다.

그러나 겨울은 가고 봄은 오기 마련이다. 거시적으론 답답한 흐름이나 미시적으론 변화의 물결이 용암처럼 끓고 있다. '신경제'에 대한 도전이 끊임없이 시도되는 것이다. 그중에는 기존 경제 패러다임을 완전히 바꿀 잠재력이 충만한 것들도 있다. 온-디맨드On-Demand 경제도 그중 하나다.

이 신경제가 성공했다고 장담할 수는 없다. 또, 그 성공이 인간 행복이나 삶의 질을 높이는 데 도움이 된다는 보장도 없다. 오히려 우리네 삶에 부정적인 영향을 끼칠 가능성도 크다. 그런데 세상은 인간 행태의 변화와 기술 진보로 변화할 수밖에 없다. 인터넷이 세상을 바꿨듯 이 새로운 경제 또한 그렇게 할 것이다. 그것이 좋은 것이든 나쁜 것이든.

온-디맨드 경제 On-Demand Economy

온-디맨드 경제가 뜨겁다. 하지만 이 경제에 관해서 알고 있는 사람은 거의 없다. 이미 우리 곁에 왔지만 생소하다. 대체 뭘 말하는 걸까? 비디오온디맨드 VOD, Video On-Demand 란 단어는 비교적 익숙하다. 주문형 비디오라고 번역하는데, 영화 같은 영상, 음성, 정보 등을 시청자가 원하는 시간에 전송·재생해주는 시스템을 말한다. 즉, 소비자가 주문하면 즉시 볼 수 있는 비디오 시스템이다.

이 서비스는 일상을 완전히 바꿔놓았다. 동네마다 있던 비디오대여점을 이젠 찾아볼 수 없다. 불과 몇 년 만에 일어난 일이다. 이제 온-디맨드 경제에 대해 감이 오기 시작할 것이다. 온-디맨드 경제는 정확하게는 소비자가 원할 때 상품과 서비스를 즉시 공급하는 기술 기업이 만들어내는 경제활동으로 정의된다. 상품과 서비스 공급은 디지털 네트워크망을 통해 이루어진다. 다음 기사는 2015년 5월 26일 머니투데이에 실린 기사다. 온-디맨드 경제를 잘 설명하고 있어 옮긴다.

집 근처에는 조그만 중국음식점이 있다. 크고 화려하지는 않지만 음식 맛이 괜찮은 편이어서 졸업식이나 어린이날 같은 기념일에는 일찍 예약을 하지 않으면 자리를 차지하기가 어렵다. 찾아오는 손님이 많아서인지 이 집은 흔히 하는 '자장면 배달'은 아예 하지 않는다. 자장면 몇 그릇을 위해 배달 서비스를 하기에는 채산성이 맞지 않고, 배달 위주로 음식을 팔면 맛을 유지하기 어렵다는 게 이유였다.

그런데 최근 그 가게가 음식배달 홍보물을 나눠주기 시작했다. 일정 금액 이상만 가능하다는 단서를 붙이기는 했지만. 원하는 장소까지 음식을 갖다 주는 서비스 덕분이었다. 방문고객 위주로 운영해 온 그 음식점은 따로 배달원을 두는 게 큰 부담이었다. 하지만 지금은 주문받은 음식을 포장해 배달기사에게 연락만 하면 끝이다. 주문 건수별로 요금을 지불하기 때문에 배달주문이 없어도 상관없다.

최근 주문만 하면 원하는 서비스를 바로 이용할 수 있는 '온-디맨드On-demand 경제'가 확산되고 있다. '주문형'을 뜻하는 온-디맨드는 이전에는 음악이나 영화, 전자책 같은 디지털콘텐츠에 국한해 쓰였다. 하지만 최근 정보기술의 발달과 스마트폰의 보급으로 그 대상이 현실 세계로까지 확장됐다. 이제 스마트폰 버튼만으로 택시나 대리운전사를 부르고 청소나 세탁 같은 가정의 일까지 손쉽게 맡길 수 있다. 좋아하는 식당의 음식을 포장해오거나 애완견 산책 같은 아무에게나 부탁하기 어려운 개인적인 서비스도 오케이다.

음식물 배달, 대리운전, 청소나 세탁과 같은 업종은 과거엔 오프라인을 기반으로 한 비즈니스였다. 하지만 최첨단 앱 또는 웹과 만나면서 이들 업종이 진화하고 있다. 온-디맨드 경제란 결국 구시대와 현대의 만남으로 최신 IT 기술을 이용해 주문만 하면 원하는 서비스를 바로 이용할 수 있는 경제 카테고리라고 할 수 있다.

가장 성공적인 온-디맨드 경제 모델이 바로 '우버Uber'다. "스마트폰을 터치한다. 5분 안에 승용차가 내 앞으로 온다. 목적지에 도착한다. 내린다." 이것으로 끝이다. 택시를 잡으려 이리저리 뛸 필요도, 요금을 두고 기사와 다툴 일도 없다. 요금은 스마트폰이 이동 거리를 계산해 결정되며 미리 등록해둔 신용카드에서 결제된다. 우버는 자동차 운송 서비스 회사다. 스마트폰 앱을 기반으로 자가용이나 렌터카를 택시처럼 이용하는 서비스다.

2014년 6월, 우버 CEO인 트레비스 칼라닉Travis Kalanick은 월스트리트저널에 "우린 6개월마다 최소 2배씩 성장 중이다. 최근 6개월 동안에만 20억 달러의 총수익과 4억 달러의 순수익을 냈다."고 말했다. 우버가 현재 샌프란시스코에서 내고 있는 수익은 2009년 샌프란시스코 전체 택시와 리무진 산업이 기록한 수익보다 크다. 무서운 성장세다. 이 덕분에 우버는 2014년 4월, 12억 달러에 달하는 펀딩에 성공했다. 기업 가치로 180억 달러를 인정받았다. 그러고서 8개월 후인 2014년 12월엔 다시 중국 포털업체인 바이두로부터 6억 달러를 투자받았다. 기업가치는 두 배가 넘는 410억 달러로 평가받았다. 참고로 현대자동차 시가총액은 2015년 7월 23일 기준으로 약 30조 원이다. 설립된 지 불과 몇 년밖에 되지 않는 신생기업인 우버의 가치는 2014년 말 기준으로 40조 원를 훌쩍 뛰어넘는다. 신생기업으로서 성장성을 높게 평가한 것이 이유일 것이다.

하지만 이는 시작일 뿐이다. '우버'는 아직도 충분히 일반화하지 않았다. 2014년 말, 온디맨드이코노미사On-Demand Economy가 5개 주요 우버 시장의 스마트폰 사용자 8,000명을 대상으로 조사한 결과, 우버 인지도는 20.6%를 약간 넘었다. 이 데이터는 우버가 여전히 풍부한 성장 기회가 있음을 보여준다. 대중들이 우버 서비스를 더 많이 알면 알수록 그 서비스는 그만큼 확대될 것이 틀림없다.

이 신생 경제는 세계 상업 행태를 혁명적으로 변화시키고 있다. 그에 따라 사업 영역도 기하급수적으로 늘고 있다. 운송, 식료품·음식 배달, 가사 서비스 분야에서 특히 성장세가 가속하고 있다. 이 경제가 제공하는 서비스가 기술선도자나 얼리 어답터를 벗어나 언제 일반 소비자에게 확산하느냐는 단지 시간문제일 뿐이다. 그때가 되면, 1990년대 말 등장한 인터넷처럼 경제 패러다임을 바꿀 수도 있을 것이다.

소비자행태는 변화를 맞았다. 과거처럼 물건을 사려고 발품을 팔던 시대는 지났다. 메시지, 이메일, 미디어, 기타 스마트폰을 통한 온라인 기능에 우리는 하루 24시간 연결돼 있다. 그것이 제공하는 단순성, 즉시성, 편리성에 현대인은 열광한다. 편리성을 추구하는 현대 신인류는 그 욕구를 온-디맨드 경제에서 충족하고 있다.

서비스 경제는 급속히 우버화하고 있다. 소비자에 연결된 스마트폰 수 급증, 단순하며 보안성이 강화된 구매 흐름, 그리고 지역 기반 서비스는 온-디맨드 서비스 팽창을 촉진하는 주요 요인이다. 언제나 켜져 있고 언제나 연결된 '스마트폰 혁명'의 편리함, 효율성, 단순성은 구매를 결정하는 주요 인자가 됐다. 반면, 눈으로 보고 손으로 만지는 등 인간의 오감을 이용한 구매행태는 구식이 돼 버렸다.

스마트폰을 통한 일상적 구매는 인류 소비 패턴을 가장 혁명적으로 변화시켰다. 간단하게 버튼을 터치해 아무 때고 원하는 것을 살 수 있던 적은 이제껏 없었다. 온-디맨드 경제는 가장 세련된 이커머스의 응용이다. 이전 소비자는 이런 간단한 거래 방식을 경험하지 못했지만 청년 세대에겐 매우 익숙한 풍경이다. 현 청년 세대를 T 세대 Generation Touch라 한다. 터치와 클릭에 익숙한 세대에게 온-디맨드 경제는 반드시 도래할 운명과도 같다.

온-디맨드 경제와 삶

온-디맨드 경제가 몰고 올 미래는 가히 혁명적이다. 그중에서도 눈여겨봐야 할 것은 일과 직업을 포함한 고용시장에 미칠 영향이다. 구매행태 혹은 소비자행태 변화는 온-디맨드 경제라는 새로운 형태의 경제를 낳았다. 이런 새로운 경제는 필연적으로 그것에 직간접적으로 관련된 일과 직업에 영향을 미친다. 산업혁명이 1차 산업에 종사하던 사람들을 2차 산업으로 끌어낸 것과 마찬가지다.

언제부턴가 "직업을 가진다."는 말이 "특정 기업의 종업원이 되는 것"과 똑같은 의미로 사용됐다. 기원을 따져보면 1880년대 산업혁명 때부터였다. 그전까지만 해도 직업이란 특정 기업에 소속하느냐 여부와는 상관없었다. 한데 산업혁명으로 탄생한 거대 기업은 노동자를 집단화해 한지붕 아래 근무하게 했다. 이때부터 20세기 후반까지 직업을 갖는다는 것은 기업에 취직하는 것을 의미했다. 이는 현재도 마찬가지다. 우린 "일자리를 구한다. 혹은 얻는다."란 표현을 즐겨 쓴다. 이 표현에는 특정 일자리가 있는 기업이나 조직에 취직하는 것이 직업을 갖는 것이란 생각이 깔렸다.

그러나 1970년대부터 이런 개념이 약간씩 바뀌고 있다. 노동조합은 점차 힘을 잃어가고 있다. 신자유주의가 득세한 미국과 영국에선 노동조합을 규제하는 법률들이 속속 제정됐다. 한편, 기업은 노무비를 엄격하게 통제했다. 아웃소싱외주, 비정규직 확대 등을 통해 인건비를 줄이기 시작했다. 이는 컴퓨터와 통신 발달로 더욱 가속됐다. 필연적으로 노동시장에서 유연성은 점차 강화되고 있다. 다시 말해, 노동자를 해고하는 일이 쉬운 세상이 됐다. '평생 고용'이란 개념은 이제 유물이 됐다.

기업은 노동유연성을 명분으로 끊임없이 자유로운 해고를 꿈꾼다. 노동자들 또한 평생 한 직장에서 근무하는 것을 고리타분하게 생각하는 시대가 됐다. 2014년 말, 프리랜서 연맹Freelancers Union에 따르면 미국 노동자 중 3분의 1은 프리랜서다. 한국도 2014년 8월 기준으로 비정규직 일자리가 600만을 넘어섰다.

온-디맨드 경제는 이 같은 노동유연화의 결과물이라고 할 수 있다. 온-디맨드 경제는 스마트폰을 가진 유휴 노동력 혹은 프리랜서를 고용주와 '짝짓기'해주는 중개가 핵심이다. 우버 역시 유휴 노동력 혹은 프리랜서 운전자를 소비자_{고용주}에게 매칭해 주는 서비스다.

이런 온-디맨드 모델이 만들어낼 세상은 어떤 것일까? 회의론자들은 모든 사람이 인력시장에서 고용주를 기다리는 신세가 될 것처럼 말한다. 옹호론자들은 모든 사람이 자기 삶을 통제하고 원할 때 원하는 일을 할 수 있는 파라다이스가 도래할 것으로 본다. 하지만 둘 다 과장이다.

온-디맨드 경제가 기존 노동시장 구조를 완전히 바꾸지는 못할 것이다. 기업은 여전히 정규직을 채용할 것이고 온-디맨드 경제를 필요로 하는 사람 역시 일정 수준 전문적 능력이 있는 사람일 것이다. 모든 사람이 원할 때 언제든 일을 할 수 있는 세상은 불가능하다. 동시에 모든 사람이 인력시장에서 고용주를 기다리는 일도 현실 세계에선 불가능하다.

그럼에도 온-디맨드 경제가 주류로 자리 잡으면 지금껏 기업 피고용자로 일하던 사람 일부분은 개인사업자 혹은 프리랜서 신분이 될 것이 틀림없다. 이는 많은 사람에겐 기회이기보다는 위협이 될 것이다. 조직에 안주해 월급을 받는 신분에서 스스로 노력하지 않으면 도태되는 무한경쟁 생태계로 내몰리기 때문이다. 다음 기사는 온-디맨드 경제가 드리울 그늘을 묵시적으로 보여준다. 아시아경제 2015년 2월 23일 자 기사다.

빗속에서 오토바이를 운전하고 배달을 가던 한 10대가 미끄러져 숨지는 안타까운 사고가 발생했다. 22일 서울 영등포경찰서는 지난 21일 오후 9시 께 영등포구 양평동 오목교 위에서 오토바이를 타고 배달을 가던 추 모 19 군이 빗길에 미끄러졌다고 전했다. 추 군은 반대편 차로로 튕겨나갔고 마 주 오던 아반떼 승용차에 깔린 채 7~8m 끌려간 것으로 알려졌다. 그는 병원으로 옮겨졌으나 끝내 숨진 것으로 전해졌다. 경찰 조사 결과 그는 음식배달대행업체에서 아르바이트를 하고 있었다. 또한 암 투병 중인 아 버지가 그의 유일한 가족으로 밝혀져 안타까움을 더했다.

최근 사회문제가 된 배달 아르바이트생이나 택배 사업자를 어떻 게 처우할 것이냐는 문제는 온-디맨드 경제가 노동시장에 끼치는 어둠을 극단적으로 보여준다. 필요 인력을 외부조달하는 행태는 조 그만 식당과 같은 영세 서비스업체에 국한되지는 않을 것이다. 규모 가 큰 기업들도 가능하면 정규직을 줄이려 할 것이다. 갈수록 전문화 되는 온-디맨드 기업을 통해 얼마든지 인력조달이 가능하기 때문 이다. 이 같은 문제가 일반화하면 어떤 일이 발생할까. 비정규직 폭 증과 그에 따른 소득 불평등을 얼마든지 예상할 수 있다.

온-디맨드 경제가 고용시장에 부정적인 영향만을 주는 건 아니다. 노동유연성이 가속하는 현상은 좋든 나쁘든 피할 수 없다. 컴퓨터와 로봇이 사람 일을 갈수록 대체할 것이기에 자칫 많은 사람이 실업자 로 남을 수 있다. 여기에 온-디맨드 경제는 훌륭한 대안이 될 수 있 다. 실업자 혹은 유휴 노동자와 고용주를 짝지어 주는 훌륭한 매개체 가 될 수 있다. 다만, 교육 훈련은 점차 노동자 개인 몫으로 남을 것이다. 온-디맨드경제에서는 노동자를 교육·훈련하는 주체가 더는 기업이 되지 않을 것을 암시한다. 기업은 종업원을 교육하기보다는 이미 준비된 사람만을 쓰려 할 것이다. 이 때문에 노동자는 철저히 자기 책임으로 능력을 키워나가야 한다. 발전을 원하는 노동자는 자기 기술을 지속해서 업데이트해 나가야 한다.

교육도 바뀌어야 한다. 직업에 대한 개념부터 수정해나가야 한다. 특정 기업에 충성하는 근로자가 훌륭하다는 교육은 폐기돼야 한다. 자기 지향적, 독립적 시민을 양성해 내는 데 초점을 맞춰야 한다. 새로운 경제는 언제나 양날의 칼이다. 구세력이 받을 피해는 어쩔 수 없다. 우버의 일반화는 기존 운수업계엔 치명타가 될 수 있다.

이보다 신경제는 소비자 욕구를 충실하게 반영한 결과물이다. 신경제를 혁명이라 하지만 그 본질은 인간 욕구의 합리적 반영에 있다. 문제는 소비자 욕구는 끊임없이 변한다는 사실이다. 이 때문에 과거에 안주해서는 '빠름'이 생명이 돼가는 세계에서 생존할 수 없다. 이는 노동자 개개인도 마찬가지다. 점차 자기 의존성이 심화하는 세상에 우린 살고 있다. 스스로 돌보지 않으면 도태되는 엄혹한 세상이다. 원하든 원하지 않든 온-디맨드 경제가 만들어낼 모습은 이렇다.

정치는 이런 세상을 거들고 있다. 2015년 말, 한국 역시 노동시장 구조개혁안을 놓고 몸살을 앓고 있다. 진보와 보수가 노동시장 구조를 놓고 한바탕 전쟁을 벌이고 있다. 이 전쟁은 보수 진영이 원하는 노동유연성 제고가 목적이다. 반면 진보 진영은 고용 안정성에 방점을 두고 있다. 노동자로서는 절대 유쾌하지 않은 일이지만 결론은 뻔하다. 수많은 노동자가 반대해왔지만, 세계는 끊임없이 노동유연성을 확대해왔다. 노동시장은 기업주, 다른 말로 하면 기득권 세력에 유리한 방향으로 변화해왔다.

적어도 이런 흐름은 당분간 유지될 것이다. 기술이 싼값에 인간을 대체해가고 있기 때문이다. 비용도 많이 들고 골치까지 아픈 인간을 굳이 쓸 필요가 없는 시대가 오고 있다. 세상은 인간을 일자리에서 지속해서 배제하고 있다. 거기에 온-디맨드 경제까지 발화하고 있다. 혁명적 변화가 없는 한, 서글픈 일이지만 스스로 살길을 찾아야 하는 적자생존, 각자도생의 시대는 피할 수 없다.

자사주 매입과
배당이 기업의 적이 된
까닭

"배당과 자사주 매입에 현금을 낭비하지 말고 해외 기업 인수에 나서라"
골드만삭스가 27일현지시각 미국 기업들에게 던진 충고다. 올해 미국 기
업들이 배당과 자사주 매입에 사용할 현금 규모가 무려 1조 달러에 달할
것으로 예상된다. 이는 전년 대비 18% 늘어난 수준이다. ─ 골드만삭스의
충고 "배당 대신 해외기업 인수해야"

■ 머니투데이 2015. 04. 28.

골드만삭스는 세계 최대 투자은행이다. 그러니 수많은 기업에 투
자했을 것이다. 골드만삭스 처지에서 보면 배당을 많이 하는 기업이
더 좋을 것이다. 그런데도 배당과 자사주 매입을 현금 낭비라 했다.
대체 주주 제일주의를 외치며 주주 목소리를 강화해온 그동안의 기
업 경영 방식이 왜 문제란 말인가?

지난 50년, 세계는 인류사에서 유례없는 성장을 경험했다. 선진국은 풍요를 누렸고 변방에 머물던 신흥국은 그들과 어깨를 겨룰 정도로 성장했다. 수많은 세계 시민이 이른바 중산층으로 편입됐다. 삶의 질은 과거에는 상상할 수 없을 정도로 진보했다. 미래는 얼핏 장밋빛이다. 신흥국은 더 발전해 가고, 프런티어 시장은 이제 막 도약을 준비 중이다. 자본주의 덕이라 할 수 있다.

하지만 한편에선 자본주의 위기론이 뜨겁다. 피케티의《21세기 자본》이 '피케티 시대', '피케티 혁명', '피케티 신드롬'이라 명명되며 뜨거운 반향을 불러일으키는 현실이 이를 방증한다. 20세기 위대한 성장은 그 후반 들어 주춤하고 있다. 21세기, 세계는 대공황 이후 가장 참혹한 '침체'를 경험하고 있다. 금융위기가 발발한 지 얼추 7년을 훌쩍 넘기고 있지만, 세계는 여전히 악전고투 중이다. 한참을 달려왔지만, 터널을 벗어나기까지 얼마나 더 달려야 할지 여전히 아득하다. 이유가 뭘까? 수많은 이유가 있지만, 노동자로 대변되는 중산층이 궤멸하고 있다는 것이 그중 하나다. 현대는 소비를 기반으로 한 성장 경제 체제다. 한데, 소비의 핵심인 중산층이 무너지고 있으니 침체가 장기화할 수밖에 없다.

자본주의 기차는 언제부턴가 일등칸 손님들만 태우고 달리고 있다. 이등칸, 삼등칸에 탄 중산층 노동자들은 방치돼 있다. 20세기 중후반까지 노동자는 충분한 존경과 보상을 받았다. 그런데 그 후반부터 노동자는 자본주의 진보로 창출된 과실을 합당하게 배분받지 못하고 있다.

혹자는 이를 두고 '기술과 인간의 경주'에서 인간이 패하고 있기 때문이라고 한다. 또 다른 사람들은 '시장근본주의'가 만개한 글로벌화 때문이라고도 한다. 일리가 있다. 하지만 미시적으로 접근하면 최고경영자를 위시한 자본가들이 그 과실을 독차지하고 있기 때문이라고 볼 수 있다. 기업은 자본주의의 꽃인 동시에 그 생명의 원천이다. 그런데 이 기업이 말라가고 있다. 아이러니하게도 자본가들이 기업을 죽이고 있다. 기업이 성장하는 데 필요한 최소한의 자원도 남겨놓지 않고 싹쓸이를 해가는 것이다.

2014년 9월 하버드 비즈니스 리뷰에 인상적인 에세이가 한 편 실렸다. 매사추세츠 로웰 대학교 교수인 라조닉William Lazonick의《번영 없는 수익Profits without Prosperity》이다.

기업은 분명 수익을 내고 있다. 그런데 그것이 번영으로 연결되지는 않고 있다. 에세이는 그 이유를 설명한다. 그리고 여기에서 더 나아가 대체 왜 기업은 이익을 내는데 노동자들의 주머니는 가벼워지는가를 얘기하고 있다. 그로 인해 21세기 성장이 어떻게 방해받고 있는가를 말한다.

낙수효과를 말하는 것이 이제는 낡아 보이기까지 한다. 자본주의에서 돈은 어느덧 위에서 아래로가 아니라 그 역방향으로 흐른다. 그러고 나서 돈은 위에서 고인다. 에세이는 그것이 어떤 형태로 이뤄지는가도 밝히고 있다. 노동자 혹은 기업의 성장 원천이 돼야 할 돈이 자본가 호주머니로 흘러가고 있는 현실을 고발하고 있다.

문제는 자사주 매입과 배당

언제부턴가 '주주가치 극대화'란 명제가 진리인 양 통용되고 있다. 주주 이익을 극대화해야 기업가 정신이 고양되고 경제가 성장한다는 것이다. 물론 일부분은 맞는 말이다. 투자했을 때 이익을 바라는 것은 당연하다. 하지만 그것이 극단으로 치달아 기업 숨통을 조인다면 이는 그야말로 악이다. 성장을 막는 걸림돌이 될 수 있다.

오늘날 주주 이익 극대화의 주요 통로로 이용되는 것이 자사주 매입과 배당이다. 미국 기업에서 이것이 얼마나 극단적으로 남용되고 있는지 한 가지 통계를 보자. 다음은 2013년 말 현재, 미국 기업의 상황이다.

엑슨모빌은 자사주 매입과 배당에 순이익의 83%를 쓴다. CEO 수입의 73%는 주식에서 발생한다. 시스코Cisco Systems는 자사주 매입과 배당에 순이익의 121%를 쓴다. CEO 수입의 92%는 주식에서 발생한다.

얼핏 이해가 가지 않는다. 순이익의 121%를 주주와 최고경영자에게 줬다면 빚을 냈다는 말이다. 그러나 이게 엄연한 현실이다. 회사채를 발행해서까지 주주들에게 이익을 주고 있다. 자사주 매입과 배당이 문제가 되는 것은 그것이 기업의 지속 성장에 필요한 투자와 혁신에 절실한 자원을 강탈한다는 데 있다. 광폭한 자사주 매입 열풍은 '주주가치 극대화'란 핑계로 건전한 자본형성을 막고, 경쟁력을 유지하는 데 필수인 투자 자원을 축소하며 중산층 근로자를 무력화한다. '가치창조'란 명분으로 자행되는 무분별한 자사주 매입과 배당은 실제론 '가치 적출value extraction'에 불과하다. 계속 기업으로서의 활동에 필수적인 '장기'를 빼내 기업을 고사시킨다. 극소수 집단임원과 이사과 헤지펀드 등만 배를 불리는 구조다. 에세이는 다음과 같이 단언한다.

> 현대 미국 기업은 대규모 투자자와 경영자에 대한 보상을 최우선으로 한다. '계속 기업'에 필수적인 성장, 연구개발, 훈련, 노동자에 투자돼야 할 자원이 엉뚱한 곳으로 흘러가고 있다.

이런 난센스는 정치적 지원이 없으면 발생할 수 없다. 개별 기업 경영자들의 탐욕만으론 이런 짓이 불가능하다. 1981년 말까지, 기업은 이익의 50% 이하만 주주에게 배당하도록 규제됐다. 그래서 기업은 풍족한 유보 재원을 이용해 건전한 재투자를 할 수 있었다. '주주가치 극대화'보다는 '계속 기업'의 당위성이 존중됐던 것이다. 하지만 1982년부터 상황이 바뀌기 시작했다.

레이건 정권 시절, 증권거래위원회가 자사주 매입 규제를 풀고 고용주는 노동조합을 파괴했다. 규제와 견제는 사라져 갔다. 이로부터 자사주 매입은 1990년대 일반적 현상으로 굳어진다. 최고경영자 보수는 주식가치에 연동되기 시작했고, 순이익에서 차지하는 배당 비율 역시 급증했다. 그만큼 기업에서 필요한 재투자 자원은 고갈됐다.

설상가상으로 생산시설과 임금인상에 투자하는 것 역시 줄기 시작했다. 에세이는 2003년부터 2012년까지 계속 영업을 해온 S&P 500에 포함된 449개의 기업을 조사했다. 이 기간에 이들 기업은 이익의 54%, 총 2조 4천억 달러를 자사주 매입에 썼다. 배당에는 37%를 썼다. 2012년, 미국 최고경영자들 상위 500위의 평균 수입은 300억 원을 훌쩍 넘었다. 이 수입 중 42%는 스톡옵션, 41%는 주식배당으로 얻은 것이다. 자사주 매입은 이미 증상을 넘어 질병으로 악화하고 있다.

금융위기 이후 미국 CEO들 소득이 줄어든 것은 사실이다. 2000년도와 비교하면 약 20% 정도가 낮아졌다. 그런데도 이들은 20년 전과 비교해서는 3배, 30년 전과 비교해서는 10배 이상을 벌어들이고 있다. 이는 미국 경제정책연구소Economic Policy Institute가 대형 상장기업 350개를 조사해 발표한 것이다. 2003년부터는 3.9%, 2009년부터는 54.3%나 올랐다. 주식시장 호황이 그대로 최고경영자의 소득으로 연결된 것이다.

일반근로자 소득과 CEO 소득을 비교한 자료를 보면 CEO들은 일반근로자보다 300배나 더 벌고 있다. 2013년 기준으로 대기업 CEO의 평균소득은 상위 0.1% 평균소득의 6배에 달했다. 이들이 얼마나 많은 돈을 챙겨가고 있는지를 알 수 있다.

과연 한국은 어떤 상황일까? 사실 한국 기업은 배당을 거의 하지 않는 것으로 악명이 높았다. 하지만 이는 편견이다. 한국 기업들의 배당률이 점차 높아지고 있다. 다음은 2014년 9월 4일, 문화일보 '대

기업 배당성향 증가세…20% 육박'이란 기사다.

'한국 기업은 무조건 배당성향이 낮다?'

국내 대기업들의 배당성향이 일반적인 인식과 달리 지난 2008년 글로벌
금융위기 이후 꾸준히 증가 추세라는 조사 결과가 나왔다. 대기업들의 배
당성향이 낮아 국내외 투자 유치에 걸림돌이 되고 있다는 지적과는 상반
되는 결과다. 4일 전국경제인연합회가 외부 감사를 받는 비금융 기업을
대상으로 배당성향 추이를 분석한 결과, 대기업 배당성향은 2009년 이후
꾸준히 증가 추세로 중소기업보다 더 높은 것으로 나타났다.

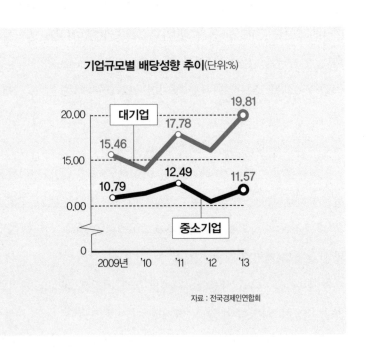

위 그림을 보면 한국 기업들이 얼마나 배당을 늘려가는지를 알 수 있다. 한국도 미국을 따라가고 있다고 할 수 있다.

라조닉Lazonick 교수는 만성화한 자사주 매입에 대한 증권거래위원회 규정을 백지화하고 이사회에 공공 대표와 근로자를 참여시킬 필요가 있다고 제안한다. 그러나 그것만으로 충분할까? 기업의 주요 목적이 '주주 이익 혹은 가치 극대화'에 있다는 명제를 깨부수지 않는 한 상황은 바뀌지 않을 것이다. 단순히 규정을 바꾸고 이사회 구성에 변화를 주는 것만으론 근본적인 문제를 풀어낼 수 없다.

주주가치 이론을 비난하거나 그것이 유발하는 여러 문제를 지적하는 것만으로도 부족하다. 진짜 대안은 없는 걸까? 있다. 주주가치 극대화로 기업을 평가하는 데서 벗어나면 가능하다.

이 제안은 전혀 새로운 것이 아니다. 피터 드러커가 1973년에 주장했듯, 기업이 추구하는 목적을 고객 창출과 만족에 두면 된다. 주주가 아닌 고객에 가치를 제공함으로써 기업은 그 존재를 정당화할 수 있다. 이익이 늘고 주식 가격이 오르는 것은 그 결과일 뿐이다.

기업 활동이 주식 가격을 높이는 데만 집중돼서는 안 된다. 현대 시장 권력은 판매자가 아닌 소비자에게 있다. 소비가 성장을 주도한다. 기업이 추구하는 목표가 주주가 아닌 소비자 만족에 집중돼야 하는 이유다. 그래야만 기업이 산다.

노동조합이 살아야 국가가 살아난다

자본주의 사회에서 불평등을 고착화하는 가장 큰 요인은 소득 불균형이다. 미국이 세계 제일의 강대국임에는 분명하지만 가장 살기 좋은 나라가 아닌 이유가 바로 여기에 있다. 일반 근로자와 최고경영자 간 소득 격차가 이를 웅변한다.

이 둘 사이에 벌어진 소득 격차는 언제부터 시작된 걸까? 여기에 관해서도 재미있는 연구 결과가 있다. 미국에서 불평등이 깊어지는 것과 노동조합의 쇠퇴는 밀접하게 연결돼 있다는 주장이다.

앞에서도 언급했듯, 2013년 CEO 임금과 평균노동자 임금은 약 331배 차이가 나는 것으로 조사됐다. 1983년에는 50배 이하였던 점을 고려할 때 불평등이 그만큼 깊어졌다고 할 수 있다. 다음 그림은 전체 소득 중에서 미국의 상위 10%가 가져가는 몫과 노동조합원 수를 비교한 것이다. 상위 10%의 몫이 꾸준히 급증하는 반면 조합원 수는 급감하고 있음을 알 수 있다.

총국민소득에서 노동자들이 가져가는 몫은 1980년대부터 꾸준히 줄고 있다. 신자유주의 득세와 무관치 않다. 기업 몫은 커지고 노동자 몫은 줄어들고 있다. 노동조합 약화 때문일 거라고 추론할 수 있다. 요즘 한국에서 많이 듣는 얘기다. 우리에게도 점점 익숙한 풍경이 돼가고 있다.

변화가 필요한 시점이다. 문제의 깊이와 너비를 고려하면 혁명적 변화가 필요하다. 세상에서 가장 어리석은 아이디어인 주주가치 극대

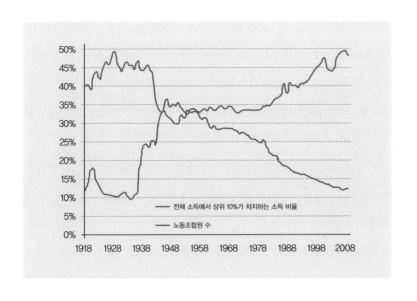

화 혹은 주주 제일주의에 묻혀서는 자본주의 미래를 장담할 수 없다.

그런데 한국은 거꾸로 가고 있다. 2015년부터 기업소득환류세제라는 제도를 도입했다. 이는 기업 유보금을 투자·임금·배당 등에 쓰지 않으면 과세하겠다는 엄포인 듯하다. 취지는 이해가 간다. 고여 있는 막대한 기업 유보액을 강제로 투자와 소비로 흐르게 하려는 목적일 것이다. 하지만 기업이 생산과 연구개발 등에 투자를 머뭇거리는 데는 이유가 있다. 기업은 태생적으로 이익을 추구하는 집단이다. 미래 이익이 보장된다면 투자를 주저할 이유가 없다. 하나, 현재는 불투명성이 극에 달해 있다. 기업이 투자할 리가 없다. 이 기업소득환류세제란 것은 그 원인에 대한 진단과 치료보다는 강제로 기업 재원을 순환시키는 것에만 집중하고 있다. 이는 자칫 투자를 빙자한 자사주 매입과 배당을 장려할 수 있다. 한마디로 계속기업을 위해 존재해야 할 소중한 재원이 소수 자본가와 경영자에게 흐를 수 있다는 의미다. 게다가 한국 대기업 주식 상당수는 외국인이 보유하고 있다. 2015년 4월 15일 기준으로 외국인은 코스피 시가총액 중 약 33%를 보유 중이다. 배당이 곧 국부유출이 되는 상황이 벌어질 수 있다.

미국을 반면교사로 삼아야 한다. 미국 기업이 왜 20세기 후반부터 급속히 경쟁력을 잃어갔나를 성찰해야 한다. 기업은 주주만을 위해 존재하는 집단이 아니다. 기업은 그 자체가 생명력을 가진 유기체다. 그것을 존재하게 하는 것은 주주, 노동자, 관계회사, 지역사회, 국가 더 나아가서는 국제사회다. 이 때문에 기업이 주주만의 전유물이 될 수 없다. 자사주 매입과 배당을 통한 주주가치 극대화는 자본주의 성장의 원천인 기업을 외려 고사시킬 수 있음을 명심해야 한다. 기업은 그 자체가 생명력을 지닌 '계속기업'으로 존재할 때 의미가 있다.